GRANDS • REPÈRES / **MANUELS**

Du même auteur

L'Indice des prix, La Découverte, « Repères », 3e édition, 1992.

Lexique de sciences économiques et sociales (mis à jour par Denis Clerc), La Découverte, « Grands Repères/Manuels », 9e édition, 2011.

Nouveau Manuel de sciences économiques et sociales, terminale ES (direction avec Pascal Combemale), La Découverte, 3e édition, 2003.

Nouveau Manuel de sciences économiques et sociales, seconde (direction avec Pascal Combemale), La Découverte, 1997.

Jean-Paul Piriou, décédé le 29 février 2004, dirigeait la collection « Repères » depuis 1987. Cette édition a été mise à jour par **Jacques Bournay**, qui a travaillé à l'Insee dans les différents domaines de la comptabilité nationale, et **Pascal Combemale**, professeur de sciences économiques et sociales en classes préparatoires au lycée Henri-IV.

Jean-Paul Piriou
Jacques Bournay

La comptabilité nationale

SEIZIÈME ÉDITION

La Découverte
9 *bis*, rue Abel-Hovelacque
75013 Paris

Avertissement. Sont présentées ici les statistiques de l'Insee disponibles en septembre 2011 sur le site des comptes nationaux :
www.insee.fr/fr/themes/theme.asp?theme=16

Elles sont le plus souvent exprimées en milliards d'euros. Certaines sont des estimations des auteurs. À cause des arrondis, la somme des composantes d'un total n'est pas toujours exactement égale à la valeur de celui-ci.

On trouve sur ce site, en plus des chiffres des comptes, des notes méthodologiques, les publications de référence sur les comptes nationaux, des archives sur les précédentes campagnes de comptes, ainsi que des informations sur l'Association de comptabilité nationale et ses colloques.

ISBN : 978-2-7071-7149-8

Introduction

« Croissance du PIB », « stagnation du revenu disponible des ménages », « chute de la FBCF », « amélioration du taux de marge des sociétés », « déficit et dette des administrations », etc. : les médias nous font ingurgiter des informations économiques que nous digérons d'autant moins bien que nous manquons d'éléments de comparaison pour apprécier l'importance des chiffres cités et que nous connaissons mal la signification des sigles utilisés ou la définition des notions employées. Cette omniprésence envahissante des informations économiques quantitatives peut avoir des effets pervers redoutables : faute d'en saisir le sens et la portée, nous sommes conduits à nous en désintéresser et à considérer que les données économiques sont réservées aux « experts ». Cette attitude tout à fait compréhensible s'accompagne alors souvent soit d'un scepticisme désabusé (« on peut faire dire n'importe quoi aux statistiques »), soit d'une fétichisation du chiffre et d'un abandon de tout esprit critique.

Chacun peut améliorer sa perception des informations économiques en s'initiant à la comptabilité nationale (CN). Car celle-ci est précisément le cadre dans lequel sont définies et quantifiées la plupart des notions économiques que les médias véhiculent, que les hommes politiques reprennent dans leurs débats ou leurs polémiques, et que les économistes utilisent pour leurs analyses. S'initier à la CN, ce n'est pas seulement en acquérir quelques rudiments. S'initier, c'est *entrer dans* la logique interne de ce système de normalisation de l'information économique qu'est la CN ; saisir sa cohérence et son intérêt, mais aussi ses limites, comprendre que la CN n'est pas réductible à une technique, mais qu'elle est une pratique sociale. L'unique ambition de ce livre est de permettre à chacun d'atteindre cet objectif et de rejoindre ainsi le cercle malheureusement restreint des initiés.

La CN est une *représentation globale, détaillée et chiffrée de l'économie nationale dans un cadre comptable*. Les éléments de cette définition seront explicités dans ce livre, mais il faut insister immédiatement sur le fait que la CN est une représentation. L'objet que la CN représente, met en scène, n'est pas déjà là, mais est construit par la CN elle-même. Cette remarque est importante car la CN renvoie à un univers qui peut nous paraître familier, et le risque est alors grand de considérer qu'elle se contente d'ordonner et de quantifier des phénomènes en quelque sorte naturels à l'aide de notions évidentes (production, consommation, investissement...).

Bref historique

La CN est un produit historique au confluent de considérations théoriques et de préoccupations pratiques. On pourrait lui trouver de nombreux ancêtres [Vanoli, 2002]*, mais l'invention de la CN proprement dite est le produit des perturbations économiques et politiques de la période 1930-1945. L'ampleur de la crise, l'insuffisance des statistiques disponibles pour éclairer les interventions publiques et l'intérêt porté aux phénomènes macroéconomiques sous l'influence de Keynes [Combemale, 2010] orientent tout d'abord les préoccupations statistiques vers l'élaboration et l'évaluation d'agrégats, c'est-à-dire de grandeurs synthétiques caractéristiques de l'économie nationale (produit national, revenu national...). Mais c'est pendant la Seconde Guerre mondiale que sont élaborés les premiers schémas de comptes nationaux par Meade et Stone en Grande-Bretagne, Tinbergen aux Pays-Bas et Vincent en France. Après la guerre, le *Système simplifié* (1950), puis le *Système normalisé de comptabilité nationale* (1952) concrétisent les efforts de normalisation entrepris dans le cadre de l'OECE (Organisation européenne de coopération économique, devenue ensuite l'OCDE). Ces travaux sont repris par l'ONU qui publie en 1953 le premier *Système de comptabilité nationale* des Nations unies (SCN, sigle officiel).

La France fait cavalier seul. La CN s'y inscrit dans une conception du développement commune aux forces politiques et sociales traumatisées par le désastre de 1940. Celles-ci sont convaincues de l'incapacité

---

* Les références entre crochets renvoient à la bibliographie en fin d'ouvrage.

du patronat et des mécanismes du marché à reconstruire et à développer l'économie. Elles considèrent la CN comme un instrument indispensable de la planification et des interventions « éclairées » de l'État [Fourquet, 1980]. D'où une CN originale, beaucoup plus détaillée que celle que les Anglo-Saxons ont fait entériner par l'ONU.

Cette originalité prend fin en 1976 avec l'avènement du *Système élargi* de CN (officiellement appelé SECN et marginalement révisé en 1987). Il est l'adaptation aux caractéristiques institutionnelles françaises du SEC 70, *Système européen des comptes*. Ce dernier est lui-même l'adaptation à l'Europe en 1970 du SCN adopté par l'ONU en 1968.

En 1993, l'ONU révise à nouveau son système. Comme la plupart des modifications de la CN, ce changement est aussi une adaptation aux évolutions des économies et à celles des besoins d'information. Le SCN 93 (nouvelle appellation du système) a été préparé à partir de 1982 sous l'égide d'un groupe de travail associant l'ONU, le Fonds monétaire international (dont la cinquième édition du *Manuel de la balance des paiements*, les statistiques des finances publiques et les statistiques financières sont désormais très proches du SCN), la Banque mondiale, l'OCDE et l'Office statistique des communautés européennes (Eurostat). Un groupe de cinq experts (allemand, américain, argentin, indien et français, en l'occurrence André Vanoli) a joué un grand rôle dans ces travaux très lourds d'élaboration du nouveau système. D'une façon générale, le SCN 93 peut être considéré comme un aboutissement conceptuel dans la mesure où il résulte assez largement de la fusion des apports anglo-saxons et français.

Tous les pays ont maintenant adopté le SCN 93. Le SEC 95, adaptation par l'Union européenne du SCN 93, a le statut d'un règlement européen : adopté en juin 1996 par le Conseil de l'UE sur proposition de la Commission, il s'impose à tous les pays de l'Union. Il s'agit non seulement de pouvoir rendre plus facilement comparables les différentes économies, mais aussi de disposer d'évaluations ne prêtant pas à controverse pour un certain nombre d'indicateurs sensibles : par exemple, le RNB qui constitue l'assiette de la contribution des pays membres au budget de l'UE, ou le déficit public parce qu'il doit obéir à des normes prévues par le Pacte de stabilité et de croissance (traité d'Amsterdam de juin 1997). Si le SEC 95 découle du SCN 93, de même que le SEC 70 était une adaptation du SCN 68, il n'existe plus en revanche l'équivalent du SECN : *le nouveau système français est directement le SEC 95*.

En 2003, la commission statistique des Nations unies et les autres organisations internationales ont entrepris une mise à jour du

SCN 1993. Le processus de révision s'est achevé avec un SCN 2008, suivi d'un SEC 2010. Ce dernier sera mis en place dans l'Union européenne à partir de 2014. Parmi les questions débattues, on peut citer le nouveau traitement des donneurs d'ordre (qui privilégie le propriétaire par rapport au producteur, ce qui va poser des problèmes dans la description technique de la production et dans la mesure du commerce extérieur), le traitement des régimes de retraite par répartition, les actifs immatériels et notamment l'extension de la FBCF aux dépenses de recherche-développement (R&D) et... aux dépenses d'armement (ce qui conduit André Vanoli à poser la question : « La guerre est-elle un processus de production économique ? »).

Présentation générale

Le circuit économique

La CN ne représente pas l'économie nationale comme un ensemble de marchés, mais comme un circuit. La production est à l'origine de l'activité économique (voir tableau 1). Elle est la source des biens et services, mais aussi des revenus (salaires, profits...) dont la dépense doit permettre l'achat des produits.

Le circuit économique ne peut évidemment pas demeurer aussi simple. S'agissant des produits (biens et services), il faut prendre en compte les importations qui augmentent les ressources en produits, et

Tableau 1. **Le circuit économique**

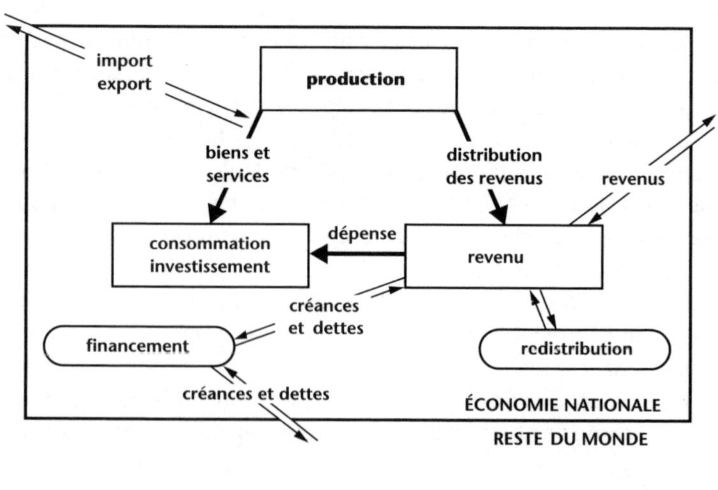

les exportations qui sont une des utilisations possibles des produits disponibles (à côté de la consommation et de l'investissement). Quant aux revenus, ils ne sont pas dépensés tels quels par ceux qui les ont reçus de la production. Leur répartition entre les agents économiques est modifiée par des opérations de redistribution du revenu (impôts, cotisations, prestations sociales...) et par des transferts de revenus avec le reste du monde (RDM).

Les dépenses des agents économiques ne sont qu'exceptionnellement identiques à leurs revenus. Pour certains, les premières sont inférieures aux seconds. Ils ont alors une capacité de financement qui leur permet d'augmenter leurs créances, par exemple en prêtant. D'autres, au contraire, ont un besoin de financement parce que leurs dépenses excèdent leurs revenus. Ils doivent alors augmenter leurs dettes, par exemple en empruntant. Des opérations financières permettent ainsi à la capacité de financement des uns de combler le besoin de financement des autres. Elles peuvent aussi avoir lieu entre les unités résidentes (l'économie nationale) et des unités non résidentes (le reste du monde).

L'économie nationale

L'économie nationale dont la CN se veut la représentation ne correspond pas à une notion évidente. *A priori*, plusieurs critères sont envisageables pour la caractériser. Par exemple, un critère juridique (la nationalité des unités prises en compte) ou un critère géographique (leur présence sur le territoire). On adopte une notion intermédiaire : la résidence. *L'économie nationale est l'ensemble des unités résidentes, c'est-à-dire des unités qui ont un centre d'intérêt sur le territoire économique.*

Le *territoire économique* de la France comprend le territoire géographique métropolitain, l'espace aérien national, les eaux territoriales, les gisements situés dans les eaux internationales exploités par des unités résidentes dans l'une des autres parties du territoire économique. À tout ceci, on doit ajouter — innovation du SEC 95 — les DOM (départements d'outre-mer), mais pas les TOM (territoires d'outre-mer). Cette innovation conduit à ajouter au PIB métropolitain de 2007 quelque 1,8 % et à réduire le solde extérieur (les achats des DOM à la métropole gonflaient les exportations de la France et étaient nettement moins importants que leurs ventes, comptées avec les importations) d'un montant non négligeable (0,4 % du PIB métropolitain en 2007).

Une unité a un *centre d'intérêt sur le territoire* si elle y effectue des opérations économiques pendant un an ou plus. Le critère de la nationalité n'intervient donc pas. Un travailleur immigré appartient à l'économie nationale alors qu'un Français travaillant à l'étranger n'en fait pas partie. Les travailleurs frontaliers ou saisonniers et les touristes sont rattachés au territoire dans lequel ils résident habituellement. Lorsqu'une société étrangère (c'est-à-dire ayant son siège social en dehors du territoire) exerce *pendant plus d'un an* une activité sur le territoire par le biais d'une succursale, d'un bureau de vente ou d'un chantier de longue durée, cette activité est attribuée à une unité résidente fictive appelée « quasi-société ».

Si le critère de la résidence est bien conforme aux normes internationales de CN, il n'en demeure pas moins qu'il conduit à négliger le contrôle exercé sur certaines unités résidentes par des unités résidentes d'autres économies nationales. Pour la CN, la filiale française d'IBM fait partie de l'économie nationale française (elle est la propriété d'IBM-USA mais son siège social est en France) et la filiale espagnole de Renault appartient à l'économie nationale espagnole. Le critère de la résidence n'est alors que partiellement réaliste car il ne permet pas d'intégrer certaines relations de pouvoir. Représenter une économie nationale ainsi définie rend d'emblée impossible la prise en considération de la structuration de l'économie mondiale par les firmes transnationales. D'une certaine façon, le SEC contribue à soutenir le mythe de l'économie nationale. Avec la poursuite de l'intégration économique européenne et plus largement la mondialisation, la notion perd aussi évidemment une partie de sa substance.

Les opérations économiques

Toutes les opérations économiques sont regroupées par la CN en quatre grandes catégories.

Les opérations sur produits. — Elles décrivent l'origine des biens et services (production, importations), et leurs différentes utilisations (consommation, investissement...). Leur prise en considération permet une *approche de l'économie nationale par les produits* (chapitre I) dont la synthèse est le tableau des entrées-sorties (TES). Le TES représente le système productif comme un ensemble de branches (une branche est l'ensemble des unités qui produisent le même produit).

Les opérations de répartition. — Elles décrivent la formation du revenu des agents (distribution et redistribution). Leur prise en compte permet une *approche par les revenus* (chapitres II et III) qui conduit à une représentation de l'économie nationale dont les sujets ne sont plus les branches, mais les secteurs institutionnels, c'est-à-dire des regroupements d'unités qui ont un comportement économique analogue (par exemple, les ménages, les sociétés).

Les opérations financières. — Ces opérations sont évaluées à la fois en flux (les créances acquises ou cédées et les dettes contractées ou remboursées pendant la période considérée) et en encours (stocks de créances et de dettes en fin de période).

Les opérations sur les patrimoines. — Pendant longtemps, la CN a limité son ambition à la mise en ordre des opérations relatives à des flux. Avec le SCN 93, elle confirme nettement son ambition d'être plus exhaustive en prenant en compte aussi les stocks, qu'ils soient non financiers (valeur du stock de logements, de machines...) ou financiers (valeur des actions détenues, endettement total...). Cette volonté ne se traduit pas seulement par l'élaboration de comptes de patrimoine (chapitre IV) qui décrivent les avoirs et les dettes détenus par chacun des secteurs, mais aussi par des comptes de variation de patrimoine qui permettent de montrer comment les changements de valeur des stocks découlent à la fois des flux de l'année (les achats d'actions par les ménages augmentent leur stock d'actions, les ventes les diminuent), des modifications de prix (la variation des cours des actions suffit à modifier la valeur de leur stock, même en l'absence de transactions) et d'autres changements (découvertes et épuisements de gisements, destructions par catastrophe : tempêtes, marées noires).

Toutes ces opérations sont synthétisées — nous le verrons au chapitre V — dans des agrégats (produit intérieur brut ou PIB, revenu national ou RNB, patrimoine national...) utilisés notamment pour les comparaisons internationales ; elles sont aussi reprises en détail dans les comptes économiques intégrés (CEI, appelés aussi tableau économique d'ensemble ou TEE) qui rassemblent toutes les opérations des secteurs institutionnels.

La CN regroupe toutes ces opérations sur la base de l'année civile (1er janvier au 31 décembre). Ce choix ne présente pas que des avantages. Compte tenu des délais d'établissement des comptes, une première évaluation des flux de l'année est connue avec un retard moyen de douze mois (voir chapitre VI). En outre, des comptes annuels ne permettent de calculer que des évolutions de flux en *moyenne annuelle* et sont donc impropres à décrire la conjoncture. C'est ainsi que l'affirmation « En 2000, les salaires ont augmenté de 3 % » ne signifie pas que les salaires ont augmenté de 3 % du début à la fin de l'année, mais que le total des salaires en 2000 est supérieur de 3 % au total des salaires en 1999. Or une telle évolution est possible en l'absence de toute hausse en *glissement annuel* en 2000 (c'est-à-dire entre le début et la fin de 2000) : il suffit simplement que les salaires aient augmenté entre le début et la fin de 1999.

La publication de comptes nationaux trimestriels moins détaillés atténue ces inconvénients (voir p. 144). Leur importance ne cesse de croître en raison du renforcement des préoccupations pour le court terme qui accompagne les économies contemporaines exposées aux mouvements souvent erratiques des marchés financiers.

En résumé, qu'est-ce que la comptabilité nationale ?

C'est une technique statistique, utilisant toutes les sources disponibles pour construire une vue globale et équilibrée de l'économie d'un territoire sur une période donnée.

C'est un modèle synthétisant en quelques grandes catégories :

— les unités élémentaires regroupées en secteurs institutionnels et branches ;

— et les transactions élémentaires regroupées en opérations ;

— qui sont organisées en une séquence de comptes qui permet de calculer des soldes et agrégats.

Le cadre d'ensemble des comptes nationaux peut être représenté par le tableau 2. La colonne centrale montre la *séquence des comptes courants* : on part de la production, celle-ci procure des revenus, primaires, puis secondaires après redistribution, le revenu disponible est consommé et/ou épargné. En bas du tableau, on décrit comment on passe du compte de patrimoine d'ouverture au *compte de patrimoine de clôture* par les *comptes d'accumulation ou de variation de patrimoine* avec trois composantes : l'épargne, complétée par des flux financiers, et disponible pour des investissements non financiers et financiers, les réévaluations en fonction des prix et d'autres changements.

La publication des comptes de la nation

Les principaux résultats de la CN relatifs à l'année n sont publiés par l'Insee (Institut national de la statistique et des études économiques) en mai de l'année n + 1. Les premiers résultats des comptes trimestriels sont publiés quarante-cinq jours après la fin du trimestre (en abrégé,

Tableau 2. **Le cadre d'ensemble des comptes nationaux**

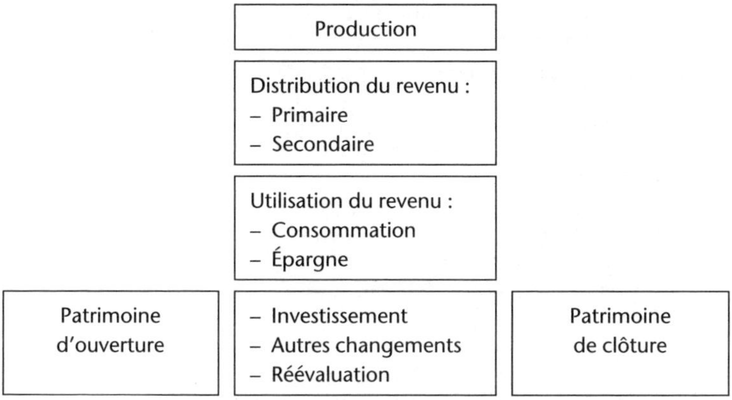

PR à T + 45) et suivis de résultats détaillés quarante-cinq jours plus tard (RD à T + 90).

L'Insee a longtemps publié un volumineux *Rapport sur les comptes de la nation* sur un support papier. Depuis 2005, les comptes nationaux sont disponibles sur le site www.insee.fr et les publications papier ont été fortement réduites. Une première synthèse est publiée, au mois de mai n + 1, dans le quatre-pages *Insee Première*, également disponible en ligne. Un bilan commenté des tendances de l'économie française est publié, en juin n + 1, dans la collection « Insee-Références », sous l'intitulé : « L'économie française : comptes et dossiers ». L'édition 2011 (voir encadré) présente le *Rapport sur les comptes de la nation 2010*. Comme les précédentes éditions, elle comprend six parties :

— une vue d'ensemble de l'évolution économique récente dans le monde et en France ;

— deux ou trois dossiers, différents suivant les années ;

— des tableaux présentant les principaux chiffres des comptes ;

— une vingtaine de fiches thématiques ;

— la chronologie des événements de l'année ;

— un lexique précisant les principaux termes utilisés.

Depuis 2005, les comptes nationaux sont disponibles sur le site www.insee.fr. On trouve sur ce site, en plus des chiffres des comptes (les principales séries, annuelles et trimestrielles, homogènes sur longue période, depuis 1949), des notes méthodologiques, les publications de référence sur les comptes nationaux annuels, des archives sur les précédentes campagnes de comptes, ainsi que des informations sur l'Association de comptabilité nationale et ses colloques.

L'économie française : comptes et dossiers

Rapport sur les comptes de la nation 2010, édition 2011.

Vue d'ensemble
Reprise modérée dans les économies avancées en 2010
Encadrés
1. La crise de la dette souveraine en zone euro.
2. L'automobile dans la crise : un tournant est pris.

L'économie française sort de récession
Encadrés
1. S'approcher du bien-être économique de la nation : au-delà du PIB, le revenu national disponible.
2. Du pouvoir d'achat du revenu disponible au pouvoir d'achat du revenu « arbitrable » par unité de consommation.
3. Les principales mesures fiscales et sociales et leur impact sur l'évolution des prélèvements obligatoires en 2010.
4. Principales révisions intervenues sur les comptes de la nation en 2008 et 2009.

Dossiers
Les inégalités entre générations depuis le baby-boom.
La tertiarisation de l'économie française et le ralentissement de la productivité entre 1978 et 2008.
Les comptes nationaux passent en base 2005.

La Banque de France et trois directions du ministère de l'Économie (la Direction des finances publiques, ex-Direction de la comptabilité publique, la Direction générale du Trésor, qui inclut maintenant la Direction de la révision, et l'Insee) participent à l'élaboration des comptes nationaux, le rôle essentiel revenant à l'Insee pour les comptes du passé et à la Direction de la prévision pour les budgets économiques (« comptes du futur »). Les comptes prévisionnels pour les années n + 1 et n + 2, nécessaires à l'élaboration des lois de finances, sont publiés à l'automne n + 1. Les comptables nationaux doivent coordonner, arbitrer et synthétiser des données disparates (fiscales, douanières, données d'enquêtes, etc.), souvent incohérentes entre elles ; dans certains cas, les données sont

Fiches thématiques

1. Emploi.
2. Chômage.
3. Revenu et épargne des ménages.
4. Consommation des ménages.
5. Niveaux de prix et niveaux de vie dans l'Union européenne.
6. Branches d'activité.
7. Investissement.
8. Compétitivité et parts de marché.
9. Relations avec le reste du monde.
10. Compte financier de la balance des paiements.
11. Sociétés non financières.
12. Prélèvements obligatoires.
13. Besoin de financement des administrations publiques.
14. Dette des administrations publiques.
15. Intermédiaires financiers.
16. Sociétés d'assurance.
17. Émissions de titres des agents résidents.
18. Endettement des agents non financiers.
19. Indicateurs de développement durable.

Annexes

Tableaux de référence de la comptabilité nationale.
Chronologie.
Lexique.

inexistantes, il faut alors les déduire de données connues ou faire des hypothèses plus ou moins conventionnelles. De ce point de vue, la CN diffère profondément de la comptabilité d'entreprise. *La CN est moins une comptabilité que la présentation d'informations quantifiées dans un cadre comptable équilibré.*

Pour initier à la CN, il est donc aussi important d'exposer le cadre comptable (premiers chapitres de ce livre) que d'analyser la précision, les utilisations, les interprétations et les limites de la CN telle qu'elle est réellement, non pas en théorie mais en pratique (derniers chapitres). Figure en fin de volume une liste des sigles traditionnels et des abréviations qu'il a fallu utiliser, dont la plupart sont courants dans les publications de l'Insee.

Lire les comptes nationaux sur le site de l'Insee

http://www.insee.fr/fr/themes/theme.asp?theme=16

Comptes nationaux – Finances publiques – Plan du thème

- Accueil : introduction générale et présentation des rubriques
- Méthodologie
- Publications
- Archives
- Produit intérieur brut (PIB) et grands agrégats économiques
- Revenu, pouvoir d'achat et consommation des ménages
- Revenu disponible et pouvoir d'achat des ménages
- Revenu, consommation et épargne par catégorie de ménages en 2003
- Consommation des ménages
- Comptes des ménages

Finances publiques

- Dette et déficit publics au sens de Maastricht
- Dépenses et recettes des administrations publiques
- Dépenses des administrations publiques ventilées par fonction
- Comptes des administrations publiques

Entreprises non financières

- Comptes des entreprises non financières

Comptes nationaux trimestriels

- Biens et services
- Branches
- Secteurs institutionnels

Comptes nationaux annuels

Ressources et emplois de biens et de services

- Production et consommation intermédiaire
- Consommation des ménages et des administrations
- Formation brute de capital fixe et variations de stocks
- Échanges extérieurs

Activité des branches

- Production et consommation intermédiaire
- Valeur ajoutée, rémunération et emploi

Secteurs institutionnels
- Entreprises non financières
- Sociétés financières
- Administrations publiques
- Ménages
- Institutions sans but lucratif au service des ménages
- Reste du monde

Patrimoine financier et non financier
- Comptes financiers
- Comptes de patrimoine

Tableaux de synthèse : TES et TEE

Comptes spécialisés (agriculture, services, commerce)

I / L'approche par les produits

De quelles quantités de produits (biens et services) l'économie nationale a-t-elle disposé pendant l'année ? À quelles utilisations les produits ont-ils été affectés ? Comme les activités, la liste des produits est définie par une nomenclature.

La production

Les délimitations, conceptuelle et pratique, du champ de la production sont un point de départ essentiel de tout système de CN. Ces définitions posent des problèmes redoutables car elles supposent une théorie de la production (P) dont les enjeux sont multiples. De François Quesnay aux économistes dits « néoclassiques » en passant par Adam Smith, David Ricardo ou Karl Marx, les problématiques de la P sont nombreuses et contradictoires. Les présenter en détail n'entre pas dans le cadre de ce livre, pas plus que l'histoire de la notion de P dans les différents systèmes de CN [Vanoli, 2002].

On peut néanmoins indiquer rapidement trois délimitations possibles :

— le système de la comptabilité du produit matériel (CPM), en vigueur en URSS et dans les « pays frères » jusqu'en 1991, restreint le champ de la production à la production et au transport des biens matériels, à l'exclusion des autres services ;

— le système français jusqu'en 1975 (passage au SEC 70) rajoute tous les services marchands non financiers ;

— les systèmes internationaux SCN et SEC ont toujours inclus les services financiers et les biens et services non marchands. C'est la norme actuelle pour tous. Ne restent pour l'instant en dehors du système que le travail domestique non salarié, ainsi que tous les aspects de l'interaction entre économie et nature (exploitation des ressources naturelles, pollution, biodiversité, services des écosystèmes...).

Dans le système actuel, la production est définie comme l'activité qui « combine des ressources en main-d'œuvre, capital et biens et services pour fabriquer des biens ou fournir des services » (c'est la production du point de vue du producteur) et comme le résultat de cette activité (c'est la production du point de vue des produits). Dans le premier cas, la définition n'acquiert un sens que si on la précise en examinant les trois types qui constituent la production : production marchande (PM), production pour emploi final propre (PEFP), autre production non marchande (APNM).

Avant le SEC 95, la production était divisée seulement en deux types : marchande et non marchande, mais surtout le principe du partage était différent. On partitionnait suivant une convention portant sur les produits : tous les biens et la plupart des services étaient « marchands », et seule une liste limitative de services pouvait être « marchands et/ou non marchands » (enseignement, santé...) ou « purement non marchands » (administration publique). À partir du SEC 95, la distinction se fait selon le mode de production, plus précisément selon que les ventes couvrent (marchand) ou non (non marchand) plus de 50 % des coûts de production.

Production marchande

Toujours évaluée au prix de base (voir p. 33), c'est la « production écoulée ou destinée à être écoulée sur le marché » : produits vendus à un prix « économiquement significatif » (c'est-à-dire couvrant plus de 50 % des coûts, le prix pouvant être un péage, une redevance ou un droit) ou entrant dans les stocks du producteur (on fait comme s'il se les vendait à lui-même ; les produits en cours de fabrication font partie des stocks), ou cédés comme rémunération en nature, ou livrés à un autre établissement de la même société pour sa CI. La P « souterraine », « au noir », non déclarée notamment pour éviter impôts et cotisations sociales, est prise en compte par les comptables nationaux (évidemment à partir de sources indirectes). Le SCN prévoit même l'évaluation des activités illégales (P et consommation interdites par la loi), mais le SEC a décidé de ne pas obtempérer. L'évaluation de la P marchande requiert quelques précisions pour le commerce, les transports et les services financiers.

Les services du commerce. — Ils sont mesurés par les marges commerciales (prix de vente moins prix d'achat des produits vendus). L'activité commerciale est donc productive, mais il n'existe pas de produit du commerce isolable puisque celui-ci est toujours indissolublement lié à un autre produit : les MC font partie de son prix d'acquisition (voir p. 33) ; autrement dit, on ne peut pas acheter un produit à un commerçant sans payer de MC dans son prix et donc sans acheter implicitement un service du commerce. La production du commerce est mesurée par la somme des marges commerciales.

Les services de transport. — La CN distingue le transport des biens du transport des personnes. Le transport des biens est traité comme le commerce : la production de transport de biens est mesurée par la somme des marges de transport MT sur l'ensemble des biens. Le transport des personnes est un service et n'est pas traité en marge.

Les services des institutions financières. — Ils sont de deux sortes. Certains, comme l'utilisation des chèques, sont (encore provisoirement) gratuits et ne correspondent donc à aucune P mesurée. D'autres sont payés comme n'importe quel autre service (carte bancaire...) : les prix ou les commissions versés permettent de mesurer une production, dite production facturée. Mais les banques, notamment, ont une activité spécifique d'intermédiation financière qui consiste à collecter (dépôts à vue, comptes sur livret...) et à répartir des liquidités (prêts, placements, prises de participation dans des sociétés...). La CN considère qu'il y a là une P de services d'intermédiation qu'elle appelle *services d'intermédiation financière indirectement mesurés*, dont l'acronyme français est SIFIM. Cette P est considérée comme égale à la marge réalisée par les banques dans cette activité.

Les services des sociétés d'assurance. — Un peu de la même façon que les marges commerciales, on mesure la production des assurances comme la différence entre les primes reçues (plus les revenus tirés du placement de ces primes) et les indemnités versées (plus les variations des réserves). Cette définition peut donner un résultat aberrant (production négative) en cas de catastrophe importante (tempête de décembre 1999 en France, marées noires...). Elle doit donc être modifiée, soit en distinguant des indemnités « normales » et des

Les SIFIM

Avant le SEC 95, les SIFIM étaient mesurés globalement par le total des revenus de la propriété reçus diminué des intérêts versés, et totalement affectés à la consommation intermédiaire d'une branche fictive. À partir du SEC 95, les SIFIM sont calculés de façon détaillée et ventilés entre différents emplois : la consommation intermédiaire (lorsque l'agent utilise ces services pour produire), la dépense de consommation finale, l'exportation ou l'importation (lorsque le service met en relation un agent résident et un agent non résident).

Les services d'intermédiation financière indirectement mesurés sont évalués comme la marge réalisée par les intermédiaires financiers sur leurs clients non financiers, à la fois sur leurs crédits (prêts à des taux supérieurs à ceux auxquels ces intermédiaires se refinancent) et sur leurs dépôts (rémunérés à des taux inférieurs aux taux de refinancement). Cette marge est intégrée à la production des intermédiaires financiers ; en contrepartie, la marge sur les crédits est retranchée des intérêts reçus (de leurs clients) ; les flux d'intérêts sont donc mesurés nets de marge bancaire ; la marge sur les dépôts est ajoutée aux intérêts versés (à leurs clients) ; dans les deux cas, la valeur de ces SIFIM est affectée à la consommation intermédiaire ou finale de ces clients.

Supposons que le taux d'intérêt interbancaire sur le marché monétaire (le taux auquel les banques se refinancent, principal déterminant du coût de leurs ressources monétaires) soit de 5 %. Soit une entreprise qui emprunte 1 000 euros au taux de 7 % à une banque pour une durée d'un an. Si cette banque refinance ce crédit en empruntant sur le marché monétaire, cette opération lui coûte 5 % sur 1 000 euros. Sa marge est de 70 euros (intérêts bruts reçus de l'entreprise) moins 50 euros (intérêts bruts versés à une autre banque). La marge de cette banque sur ce crédit est donc de 2 % sur 1 000 euros ; cette différence de 20 euros correspond au SIFIM. En effet, en empruntant à 7 % alors que le taux interbancaire est de 5 %, l'entreprise accepte de payer 2 % de

indemnités « exceptionnelles », ces dernières étant traitées en transfert en capital (c'est le traitement adopté actuellement en France), soit en « lissant » les indemnités sur plusieurs périodes (ce sera le traitement du SCN 2010).

Production pour emploi final propre

Cette PEFP est une innovation du SEC 95. Représentant 6,2 % de la P totale en 2010, c'est une P destinée à la consommation finale ou à la FBCF de l'agent producteur ; 86 % sont imputables aux ménages. Elle recouvre la P de « services de logement » réalisée par les ménages

1 000 euros le service que lui rend cette banque. C'est pourquoi les 70 euros d'intérêts seront ventilés en : 50 euros d'intérêts versés par l'entreprise (il s'agit des intérêts qu'elle verserait si elle se finançait directement sur le marché monétaire, sans recourir au service d'intermédiation de la banque) plus 20 euros de consommation intermédiaire de SIFIM.

Soit un ménage qui dépose dans cette même banque 1 000 euros qui sont rémunérés au taux de 2 %. Si ce ménage pouvait accéder au compartiment interbancaire du marché monétaire, il recevrait 5 %. De fait, il accepte de payer 3 % de 1 000 euros en contrepartie du service rendu par la banque. Pour faire apparaître ces 30 euros en dépense de consommation de SIFIM par le ménage, il faut attribuer fictivement à ce dernier une rémunération de 5 % sur son dépôt, soit 50 euros (de telle sorte qu'il reçoit bien 20 euros d'intérêts nets du coût du service d'intermédiation).

Il résulte de tout ceci que les intérêts versés et reçus par les agents économiques sont nets de marge bancaire. Le choix du taux interbancaire moyen, calculé comme le rapport entre les intérêts interbancaires versés dans l'année et l'encours moyen de prêts interbancaires, fait qu'il n'y a pas de SIFIM entre intermédiaires financiers qu'ils soient résidents ou non.

Désormais, les SIFIM sont ventilés entre la consommation intermédiaire (des entreprises, mais aussi des ménages lorsqu'il s'agit de crédits au logement), la consommation finale (qu'il s'agisse, pour les ménages, de leurs dépôts bancaires ou de leurs crédits à la consommation), les exportations et les importations (dans le cas d'opérations réalisées avec les non-résidents). Le passage au SEC 95 se traduit donc par une augmentation du PIB (si la CI diminue, la VA augmente) d'environ 1,5 % (sans véritable impact sur la mesure du taux de croissance).

L'évolution du volume des SIFIM est déterminée par l'évolution des encours moyens de dépôts et de crédits mesurés en prix constants. Par comparaison avec l'évolution des SIFIM en valeur, on en déduit l'indice de prix des SIFIM (très fluctuant car dépendant du taux d'intérêt interbancaire moyen).

qui occupent le logement dont ils sont propriétaires (lorsque le propriétaire loue à un tiers, la P de services de logement est mesurée par les loyers effectifs et fait partie de la P marchande). Cette P des propriétaires-occupants est mesurée par les *loyers imputés* (appelés jadis loyers fictifs), évalués en référence à ceux pratiqués sur le marché pour des logements équivalents ; ces loyers gonflent à la fois le revenu des ménages et leur consommation. On peut s'étonner d'une telle convention, mais elle renvoie à l'idée que la mesure de la P doit être indépendante du statut juridique de l'occupant : il ne faut pas que le PIB baisse lorsque la proportion des propriétaires de leur logement augmente.

Les ménages ont aussi une PEFP lorsqu'ils emploient du personnel domestique salarié. Les ménages (et non pas le personnel car, dans la CN, c'est toujours l'employeur qui produit, jamais le salarié) produisent alors des services (évalués par la somme des salaires versés) qui sont directement utilisés sans passage sur le marché comme dépense de consommation (DC) des ménages. Du coup, le PIB baisse lorsque monsieur épouse sa femme de ménage, ou madame son chauffeur. La PEFP des ménages comprend enfin leur P agricole autoconsommée (potagers...). La PEFP des sociétés et des administrations est inférieure à 1 % de leur P.

Autre production non marchande

12 % de la P totale. Elle est définie comme la P qui est « fournie à d'autres unités soit gratuitement, soit à un prix économiquement non significatif » (c'est-à-dire qui couvre moins de la moitié des coûts de P). L'appellation repose sur le fait que la PEFP n'est pas réellement marchande. Les services non marchands (SNM) recouvrent des services qui ne peuvent pas être vendus sur le marché parce qu'ils sont indivisibles (défense, police, éclairage public...) et des services qui ne sont pas vendus (ou à un prix très faible) par volonté politique et/ou parce qu'ils sont à l'origine d'externalités positives (éducation, vaccination...). Par similitude avec le secteur marchand dans lequel le niveau des ventes est fixé par le producteur comme la somme des coûts et d'une marge de profit, on évalue ces SNM par la somme de leurs coûts de production : rémunération des salariés (fonctionnaires...), produits utilisés comme CI pour produire ces services, impôts sur la production et montant de l'amortissement pour usure du matériel et des bâtiments (consommation de capital fixe), mais sans marge de profit.

La CN considère que les ressources constituées par ces SNM sont utilisées comme DC des ménages pour le montant de leurs paiements partiels (droit d'inscription à l'université, « ticket modérateur » relatif aux dépenses de santé...) et comme des DC des administrations pour le reste (DC individuelle ou DC collective, voir p. 87). Ces dernières sont ainsi censées consommer leur propre P. Toutefois, la CN n'en reste pas à cette analyse, ainsi que nous le verrons ultérieurement à propos de la distinction entre dépense de consommation finale et consommation finale effective (p. 85).

L'équilibre ressources-emplois (ERE) d'un produit

Les quantités disponibles d'un produit ne peuvent provenir que de la production (P) et des importations (IM) ; selon la terminologie en vigueur, P et IM constituent les *ressources en produit*. Les utilisations du produit — ce sont les *emplois* — peuvent être très variées. La CN les regroupe en cinq grands types selon la destination économique du produit : consommation intermédiaire, consommation finale, investissement, variation des stocks, acquisitions nettes d'objets de valeur, exportations.

La consommation intermédiaire de produit (CIP)

Elle représente la valeur du produit consommé dans les différents processus de production. Les produits utilisés comme CIP sont incorporés dans des produits plus élaborés (par exemple, les pneus utilisés pour la production d'automobiles) ou détruits au cours du processus de production (par exemple, l'électricité dans la production d'aluminium). Les services peuvent être aussi utilisés comme CIP : par exemple, les services d'un avocat ou les services informatiques achetés par une entreprise. Pour qu'il y ait CIP, l'incorporation ou la destruction doivent être totales. Bâtiments et biens d'équipement ne peuvent donc pas être utilisés comme CIP puisqu'une partie seulement en est usée dans le processus de production de l'année (cette usure est une consommation de capital fixe).

La dépense de consommation finale (DC)

C'est celle qui permet l'acquisition de produits utilisés pour la satisfaction directe des besoins individuels des ménages (DC individuelle) ou collectifs (DC collective). On suppose toujours que ces produits ne sont pas stockés mais consommés au moment de l'achat, même lorsqu'ils sont durables (automobiles, téléviseurs...). Les achats de logements ne sont pas de la DC mais de l'investissement. La distinction entre *consommation effective* et *dépense de consommation*, très importante depuis le SEC 95, est examinée p. 85.

La formation brute de capital fixe (FBCF)

C'est le nom donné à l'investissement (voir encadré). La FBCF est *brute* parce qu'elle correspond au flux total de l'investissement, que

Les élargissements successifs du champ de la FBCF

Avant le SEC 95, la FBCF correspondait à la valeur des biens durables acquis pendant une période pour être utilisés pendant plus d'un an dans le processus de production (à la valeur de ces biens était jointe celle de certains services liés comme les honoraires des architectes pour les bâtiments). La conception de l'investissement est maintenant moins restrictive : une partie de l'investissement immatériel est prise en compte, ce qui doit conduire à une croissance plus rapide de la nouvelle FBCF puisque la part de l'immatériel ne cesse de croître.

Dans le SEC 95, la FBCF est définie comme la valeur des acquisitions (nettes de cessions) d'*actifs fixes* par les producteurs résidents. L'acquisition n'est pas nécessairement un achat, elle peut être le résultat d'une *production pour emploi final propre* (entreprise produisant un bâtiment ou un logiciel pour elle-même). L'actif est fixe non pas parce qu'il est physiquement durable mais parce qu'il peut « être utilisé de façon continue ou répétée » (SCN 93 et SEC 95) pendant plus d'un an.

Les actifs fixes peuvent être corporels ou incorporels. Parmi les actifs corporels prennent notamment place machines, logements, autres bâtiments ou ouvrages de génie civil (routes, ponts...), ainsi que la valeur des grosses réparations de ces actifs. Les actifs incorporels comprennent les acquisitions de logiciels (8 % de la FBCF en 2010), les dépenses de prospection minière et pétrolière (à peu près nulles aujourd'hui sur le territoire français), et les acquisitions d'œuvres récréatives, littéraires ou artistiques originales, y compris audiovisuelles (autour de 0,7 % de la FBCF), parce qu'on considère que ces œuvres

celui-ci remplace du capital fixe usé ou qu'il augmente le stock de capital fixe disponible. La valeur annuelle de la perte de valeur du capital fixe en raison de l'usure physique ou de l'obsolescence est appelée la *consommation de capital fixe* (CCF). Si l'on retire cette CCF de la FBCF, on obtient la formation *nette* de capital fixe.

Les acquisitions nettes d'objets de valeur (OV)

Il s'agit d'achats de bijoux, pierres et métaux précieux, antiquités et objets d'art, qui sont détenus à titre de réserve de valeur (c'est le sens du terme anglais *valuables*). Ces acquisitions sont nettes des cessions. Seuls les ménages sont concernés. Ce poste est une nouveauté du SEC 95. Auparavant, ces achats étaient implicitement enregistrés en consommation et/ou en FBCF.

permettent de produire des services — généralement consommés par les ménages — pendant plusieurs années après leur production.

Mais les concepteurs du SEC 95 ont été timides dans l'extension du champ de la FBCF puisque cette dernière avait exclu la recherche-développement (R&D), du moins jusqu'au SEC 2010 qui l'inclura enfin. L'*intensité en recherche* (R&D/PIB) dépasse 2 % dans la zone OCDE à la fin du siècle (près de 6 % de la valeur ajoutée industrielle) [Guellec, 2009]. Restent toujours écartées, mais de façon plus consensuelle, les dépenses pour la formation, les grandes campagnes de publicité et la constitution de réseaux commerciaux.

Par ailleurs, le traitement des « biens militaires » a subi des évolutions importantes. Avant le SEC 95, ceux-ci étaient traités entièrement en CI. Le SEC 95 a élargi la FBCF aux « biens militaires » susceptibles d'un usage civil équivalent (ce qui était déjà le cas des logements des militaires), en excluant explicitement les systèmes d'armes (avions, bombes, missiles...). Mais le SEC 2010 va intégrer aussi ces derniers : on pourra donc investir en moyens de destruction massive !

En 2010, la FBCF de la France est composée de produits industriels pour 23 % de sa valeur, de produits de la construction (BTP) pour 53 % et de services pour 24 %. La même année, 49 % de la FBCF sont réalisés par les sociétés non financières, 3 % par les entreprises individuelles, 15 % par les administrations publiques, 28 % par les ménages (logements) et 4 % par les sociétés financières.

Il ne faut pas confondre la FBCF et la FBC (formation brute de capital) qui est la somme de la FBCF, de la variation des stocks et des « acquisitions nettes d'objets de valeur ».

Les exportations (EX) et les importations (IM)

Les exportations sont une autre utilisation possible du produit. Elles représentent la valeur des biens et services fournis par des unités résidentes à des unités non résidentes (la définition des importations est strictement symétrique). Compte tenu de la définition de la résidence (p. 9), il n'est donc pas nécessaire que les produits franchissent la frontière du territoire pour qu'ils soient exportés (ou importés). L'achat d'une paire de chaussures ou d'un repas au restaurant par un touriste étranger en Bretagne, par exemple, est une EX ; et l'achat d'un timbre-poste par un touriste français à l'étranger (ou par un immigré en vacances dans son pays d'origine) est une IM. On conçoit que l'évaluation de certaines EX ou IM ne puisse être qu'indirecte...

La variation des stocks (VS)

Elle constitue la dernière utilisation possible d'un produit. Elle est mesurée par la différence entre les entrées du produit en stocks (évaluées au prix du jour d'entrée) et les sorties (évaluées au prix du jour de sortie). Il s'agit donc de la différence de valeur entre deux *flux*. En pratique, on dispose rarement des données distinctes d'entrée et de sortie de stocks et on peut alors utiliser la formalisation suivante. Si S_t est le volume des stocks à l'instant t et p_t le prix en t de chaque élément des stocks, la variation totale de la valeur des stocks est :

$$S_t p_t - S_{t-1} p_{t-1} = \underbrace{(p_{t-1} + p_t)/2 \times (S_t - S_{t-1})}_{A} + \underbrace{(p_t - p_{t-1}) \times (S_{t-1} + S_t)/2}_{B}$$

Parce qu'elle veut mesurer correctement la production, la CN ne retient comme *variation des stocks* que l'élément A (variation du volume multipliée par le prix moyen de la période). L'élément B (variation de prix multipliée par le volume moyen de la période) est repris dans le compte des variations de patrimoine (en tant que réévaluation, voir p. 120).

Attention, *la variation des stocks n'est pas la variation de la valeur des stocks* au cours de l'année. La valeur des stocks d'un produit est toujours calculée au prix du marché à une date donnée (c'est donc une valeur potentielle : la somme qu'on récupérerait si on vendait alors tout le stock). Cette valeur peut avoir varié pendant une période parce que le prix de marché du produit en stock a changé. Pour désigner cette variation B, on parle souvent d'appréciation ou de dépréciation du stock.

On distingue quatre types de variations de stocks en suivant le processus de production : stocks utilisateurs (= matières premières), travaux en cours, stocks producteurs (= produits finis chez le producteur), stocks dans le commerce. Dans les comptes français, on regroupe les travaux en cours avec les stocks producteurs.

L'équilibre ressources-emplois d'un produit

Il existe des catégories de produits qui sont susceptibles d'être consommées de façon intermédiaire et finale, d'être stockées et exportées et d'être employées en FBCF. Le produit « automobiles et pièces détachées pour automobiles », par exemple, peut être l'objet d'une CIP (chez les garagistes), d'une DC (achats des ménages), d'une FBCF (achats des entreprises), d'une VS et d'une EX. Toutes ces utilisations ne sont pas possibles pour tous les produits. L'acier, par exemple, ne peut pas être une DC ou une FBCF puisqu'il doit d'abord être transformé (CIP).

Dans la mesure où la VS est considérée comme un emploi du produit, il y a par définition égalité du total des ressources au total des emplois. Pour chacun des produits de la nomenclature, on a donc (c'est en quelque sorte le principe de Lavoisier de la CN) : PP + IM = CIP + DC + FBCF + VS + OV + EX. Il est essentiel de bien comprendre que cet équilibre des ressources et des emplois d'un produit est nécessairement vérifié. *C'est un équilibre comptable et non un équilibre économique*. Il est par exemple réalisé même si d'énormes quantités du produit n'ont pu être vendues pendant la période (dans ce cas la VS sera importante).

En réalité, l'équilibre ressources-emplois d'un produit est un peu plus compliqué (voir plus loin la section « Valorisation : prix de base et prix d'acquisition »).

La mesure des opérations sur les produits

Délimitation pratique de la production

Après avoir choisi la définition conceptuelle d'une opération, il faut ensuite examiner les statistiques disponibles afin de les adapter le mieux possible au concept à mesurer.

En ce qui concerne la production, le tableau 3 indique les étapes des calculs. Après le partage conceptuel présenté plus haut, entre activités productives et activités non productives au sens du SCN, on distingue dans les deux cas les activités licites et les activités illicites (ces dernières n'étant jamais exclues par principe : les comptables nationaux ne sont pas des professeurs de morale, mais seulement si l'information est insuffisante). Dans les comptes français actuels, on ne tient pas compte du trafic de drogues, ni du proxénétisme, mais il y a des estimations sur le premier point dans les comptes de la Colombie, et sur le second point dans les comptes des Pays-Bas.

Avec les activités productives licites, on arrive ensuite au travail statistique proprement dit. Les données fiscales sur les entreprises immatriculées doivent être complétées par des estimations relatives aux entreprises clandestines : c'est le *redressement pour travail au noir*. Ensuite, les entreprises immatriculées peuvent avoir, en plus de leur activité déclarée, une activité clandestine : c'est le *redressement pour fraude et évasion fiscale*. Enfin les fichiers reçus de la Direction des impôts peuvent contenir des erreurs ou être manquants sur certaines

Tableau 3. La mesure statistique de la production

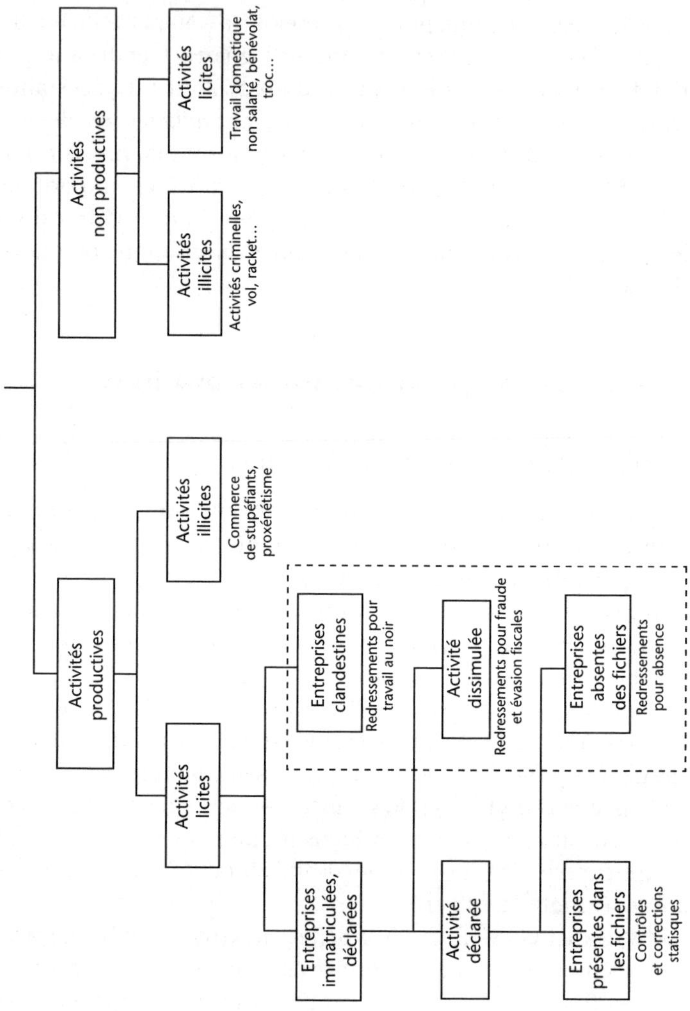

entreprises : c'est le *redressement pour absence*. Au total, l'économie non observée qu'il convient d'ajouter à la richesse produite officiellement représente 3,7 % du PIB en 2008, dont 2,9 % pour l'activité dissimulée des entreprises déclarées et 0,9 % pour l'activité des entreprises sans existence juridique [Louvot-Runavot, 2011].

On remarquera simplement que le problème n'est pas tellement que le PIB soit incomplet, mais le fait que ce qui lui échappe corresponde à une proportion sans doute changeante du PIB. Si cette part était stable, l'évolution du PIB mesuré serait un bon indicateur de l'évolution de la production de biens et services.

La nomenclature des activités et des produits

Une nomenclature part d'un ensemble de postes élémentaires. À chaque objet du champ d'étude doit correspondre un poste élémentaire et un seul. La nomenclature doit donc être universelle (couvrir l'ensemble du champ) et univoque (chaque objet ne doit pouvoir être mis que dans un poste). Elle doit par exemple déterminer des règles qui permettent de savoir si les chaussures en plastique doivent être dans le poste « chaussures » ou dans le poste « produits de la transformation des matières plastiques ». Le regroupement de certains postes élémentaires permet de passer à un niveau plus agrégé (moins détaillé) de la nomenclature qui est donc une suite de partitions sur un ensemble de postes élémentaires. Les choix opérés peuvent avoir des conséquences importantes. Par exemple, selon que les textiles artificiels et synthétiques sont classés dans « industrie textile » ou « industrie chimique », l'image donnée de l'industrie textile par les statistiques sera très différente, ce qui peut conduire à des politiques économiques différentes.

La nouvelle nomenclature de synthèse, adaptée aux comptes nationaux, a abandonné les spécificités françaises mentionnées dans l'encadré et est parfaitement calée sur les normes internationales. Elle se décline en de nombreuses positions. En plus des niveaux « de base », il existe aussi des niveaux 5, 10 (tous les deux destinés uniquement à la publication), 17 (celui-ci est alternatif au niveau 21 avec un détail de l'industrie), 38 et 60 (utilisés pour les comptes trimestriels), 64 (demandé par Eurostat) et 139 (pour les calculs détaillés des comptes annuels). Seuls sont publiés par l'Insee les niveaux 5, 10, 17, 38 et 88, qui sont parfaitement emboîtés. Ces nouvelles nomenclatures sont mises en œuvre à partir des comptes de 2010, publiés au printemps 2011.

Petite histoire des nomenclatures en France

Les critères de définition et de regroupement des postes ont historiquement varié. De 1788 à 1847, le classement des industries renvoyait à l'origine des matières premières utilisées (produits minéraux, végétaux, animaux). Ce que nous appelons aujourd'hui industrie textile était alors coupé entre les végétaux et les animaux (soie, laine). À partir de 1861 s'affirme nettement le critère de la destination des produits puis, en 1895, celui des techniques utilisées. Depuis quelques décennies, les regroupements sont opérés généralement en fonction de l'identité des processus de production et/ou des associations d'activités observées au sein des entreprises. Cela conduit, par exemple, à classer dans un même groupe les jouets en matière plastique et les jouets en d'autres matières.

Jusqu'en 2007, les nomenclatures françaises (la plus récente, conçue dans les années 1980, avait connu une dernière actualisation en 2003) conservaient, à usage interne, une classification des produits par destination économique. Par exemple, l'industrie était décomposée en « agroalimentaire », « autres biens de consommation », « automobile », « biens d'équipement », « biens intermédiaires », « énergie » ; on distinguait les « services aux entreprises » des « services aux particuliers » ; l'ensemble du non-marchand était regroupé dans un seul poste.

Le passage au SEC 95 a été l'occasion d'un travail de refonte et d'harmonisation des nomenclatures d'activités et de produits aux niveaux mondial (CITI 3 pour « classification internationale type par industrie » révision 3), européen (NACE pour « nomenclature d'activités économiques des communautés européennes ») et français. Ces nouvelles nomenclatures prennent en compte les évolutions économiques : elles accordent plus de place aux services et aux activités à fort contenu technologique (notamment apparition du poste « information et communication ») et l'opposition marchand/non marchand n'est plus un élément essentiel du classement, certains postes pouvant contenir les deux (R&D, éducation, santé...).

La nouvelle nomenclature d'activités française « NAF rév. 2 » ou « NAF 2008 » est donc la déclinaison de la nomenclature européenne (« NACE rév. 2 »). Elle comporte 5 niveaux suivant le degré de détail : 21 sections, 88 divisions, 272 groupes, 645 classes, 732 sous-classes. La nouvelle classification française des produits (« CPF rév. 2 » ou « CPF 2008 ») est, elle aussi, sensiblement plus détaillée que la précédente (3 142 postes au niveau le plus fin) et elle est harmonisée avec la NAF rév. 2.

Le tableau 5 (p. 41), qui donne la production, la valeur ajoutée, la FBCF et l'emploi par branches en 2010 est construit à partir des 21 sections, codées avec les 21 lettres de A à U, suivies d'une seconde lettre. C'est la lettre Z si toute la section est concernée, par exemple : BZ extraction ou CZ industrie manufacturière. Un code tel que CA industrie agroalimentaire désigne la première partie de l'industrie manufacturière CZ. Un code tel que BE signifie la somme des sections B + C + D + E : c'est l'industrie au sens large.

Activités, produits, branches

Dans les statistiques d'entreprises, celles-ci sont classées suivant leur activité principale dans la nomenclature. Mais elles peuvent avoir aussi des activités secondaires, la distinction se faisant à partir des montants des différents produits vendus par l'entreprise. À une activité principale peut donc correspondre plusieurs produits. Au contraire, en principe, la relation branche/produit est stricte, c'est la définition même de la branche, mais celle-ci ne résulte pas d'une observation directe, c'est une construction de la CN.

Par ailleurs, il ne faut pas confondre activité secondaire et activité auxiliaire. Une activité est dite auxiliaire si elle n'est pas individualisable dans les comptes de l'entreprise. Par exemple, presque toutes les entreprises ont un service de comptabilité propre, mais cela n'aurait aucun sens de chercher à additionner ces services avec les services des cabinets d'experts-comptables qui ont de multiples clients. Une exception : vu son importance dans la dynamique de l'économie, l'activité de R&D est toujours individualisée, c'est-à-dire traitée en activité secondaire, même si elle est effectuée uniquement pour l'entreprise elle-même.

Valorisation : prix de base et prix d'acquisition

L'équilibre des ressources et des emplois serait évident si le produit était très simple et pouvait être évalué en mètres carrés ou en tonnes. En pratique, un produit de la nomenclature correspond à beaucoup de biens ou services et il est donc indispensable de valoriser chacune des ressources et chacun des emplois à l'aide de prix. Ces prix doivent avoir une signification pour les agents économiques et correspondre à des données statistiques utilisables.

Pour la production, il serait possible de retenir le prix reçu par le producteur au moment de la vente. Mais ce prix n'est pas assez significatif pour le producteur : il contient des impôts (TVA...) que le producteur doit reverser à l'administration fiscale ; il reflète également mal dans certains cas la recette liée à la production en raison des subventions versées notamment par l'État pour soutenir le revenu de certains producteurs (cas de l'agriculteur) ou pour permettre au producteur de vendre moins cher son produit (subventions versées à la SNCF pour qu'elle consente des réductions aux militaires ou aux familles nombreuses, etc.). Pour tenir compte de cette réalité, la CN mesure désormais la production au *prix de base*.

Le prix de base est la *recette effective du producteur par unité produite* : montant reçu de l'acheteur pour chaque unité du produit, moins les *impôts sur les produits*, plus les *subventions sur les produits*.

Remarque importante : les « impôts sur la production » sont versés par les producteurs indépendamment de la réalisation de bénéfices ; ils regroupent deux ensembles : les « impôts sur les produits » et les « autres impôts sur la production ». Ces derniers sont versés — *indépendamment de la quantité produite* — pour l'emploi de main-d'œuvre et la propriété ou l'utilisation de terrains, bâtiments et autres actifs utilisés à des fins de production (taxes sur les salaires, impôts locaux divers...). Les « impôts sur les produits » (TVA...) sont *dus par unité de bien ou de service produite* ou échangée. Ce sont les seuls à être retranchés du prix de vente pour obtenir le prix de base. On retrouve la même opposition pour les subventions. Les « subventions sur les produits » (ajoutées au prix de vente pour obtenir le prix de base) sont versées au producteur par unité produite. Mais les « subventions » comprennent aussi des « subventions d'exploitation » qui ne dépendent pas de la quantité produite : subventions sur les salaires, ou destinées à réduire la pollution, ou bonifications d'intérêts, c'est-à-dire prise en charge d'une partie des intérêts dus sur des emprunts, etc.

Pour les différents emplois (CI, DC...), le prix significatif est celui qui est payé par l'acquéreur, donc le prix d'acquisition qui peut être décomposé en quatre éléments : 1) le prix de base (voir plus haut) ; 2) le coût de transport ; 3) la marge commerciale (MC) du commerçant (différence entre son prix de vente et son prix d'achat) ; 4) les impôts sur les produits (nets de subventions). Ces derniers comprennent généralement la TVA (taxe à la valeur ajoutée) et d'autres impôts comme la taxe intérieure sur les produits pétroliers (TIPP) ou les droits sur les alcools. Comme les entreprises peuvent en général récupérer la TVA qu'elles paient sur leurs achats sur la TVA qu'elles doivent sur leurs ventes (la TVA récupérée est dite « déductible »), on décide de mesurer le prix d'acquisition « hors TVA déductible » (c'est-à-dire en ne comptant que la TVA non déductible, la seule qui pèse réellement sur l'acquéreur).

Les importations (ressource en produit) et les exportations (emploi) posent des problèmes particuliers. Soit un pays A sans frontière commune avec la France (F). Pour acheminer un bien importé par F depuis A, il faut supporter des coûts de transport et d'assurance (fret et assurance correspondent à des services) du lieu de production en A jusqu'à la frontière de A, puis de celle-ci jusqu'à celle de F et enfin à l'intérieur de F jusqu'à l'acquéreur. Pour acheminer un produit exporté de F vers A, des dépenses analogues sont nécessaires. Ces dépenses peuvent être comprises ou non dans les prix, les transports et assurance pouvant en outre être fournis par un résident de A, un résident de F ou

Principe de la présentation du commerce en marges

Le commerce n'est pas un produit, mais une activité. On n'achète pas du commerce seul, mais on achète indirectement du commerce dans tous les achats de produits.

Dans les premiers systèmes de CN, le commerce n'apparaissait pas, c'est-à-dire que les productions des produits incluaient les marges commerciales. Dans l'exemple suivant, la production des produits A et B contient les marges :

Produits	Production	Marges	Total
A	100	0	100
B	200	0	200
Total	300	0	300

Si l'on veut avoir une mesure plus précise de la production proprement dite du produit A, il faut lui enlever la marge commerciale de 20. De même pour le produit B. Et on fait apparaître une production de commerce C qui est la somme des marges commerciales sur A et B. Le total de la production est le même 300. Mais, pour éviter un double compte, il faut que le total des marges soit nul, ce qu'on obtient en mettent un – 70 au croisement de la ligne « commerce » et de la colonne « marges ». Le total des ressources de la ligne « commerce » est alors nul : le commerce n'est pas une ressource en tant que tel.

Produits	Production	Marges	Total
A	80	20	100
B	150	50	200
C	70	– 70	0
Total	300	0	300

Le traitement est le même pour les marges de transport.

un tiers. Par souci de cohérence avec leur enregistrement dans la balance des paiements, la CN décide que IM et EX sont à valoriser FAB (franco à bord, c'est-à-dire à leur prix à la frontière du pays exportateur, c'est-à-dire frontière de A pour les IM de F et frontière de F pour ses EX). Dans les sources statistiques qui permettent de construire ces données, les EX sont mesurées FAB, mais les IM sont évaluées CAF (coût assurance fret, c'est-à-dire à leur prix à la frontière du pays importateur). Ce prix est donc supérieur à une évaluation FAB (c'est-à-dire à la frontière de A) puisqu'il inclut le coût de transport de la frontière de A à celle de F. Les comptables nationaux décident de conserver des évaluations CAF pour valoriser les IM d'un produit donné, mais ils introduisent globalement une correction CAF/FAB (2,8 % des IM en 2010) pour obtenir une valeur FAB de l'ensemble des IM. Nous décidons d'ignorer ce problème car l'enjeu n'est pas à la hauteur des difficultés formelles à surmonter.

Récapitulons les différents prix retenus pour valoriser les ressources et les emplois d'un même produit. La P est au prix de base et les IM sont CAF. Tous les emplois sont aux prix d'acquisition. Dans ces conditions, l'équilibre des ressources et des emplois n'est plus vérifié parce que les emplois du produit sont mesurés à l'aide de prix unitaires plus élevés (ils comprennent des marges commerciales, des coûts de transport et des impôts qui ne figurent pas dans les prix qui ont servi à valoriser les ressources ; symétriquement, ils ne comprennent pas les subventions comptées dans le prix de base). Pour obtenir un équilibre, il faut introduire une correction qui tienne compte du fait que ressources et emplois ne sont pas mesurés avec le même étalon. On décide donc d'ajouter du côté des ressources des *marges commerciales* (MC) pour un montant égal à la somme des MC qui figurent dans chacun des différents emplois, des *marges de transport* (MT) égales aux frais de transport qui ne sont pas déjà compris dans le prix de base, les *impôts sur les produits* (IP) qui font partie des prix payés par les acquéreurs (donc pas la TVA déductible). Dans la même logique, on retranche les *subventions sur les produits* (SP) de la valeur des ressources puisqu'elles sont comptées dans le prix de base, mais ne figurent évidemment pas dans les prix d'acquisition des ressources.

L'équilibre pour un produit s'écrit donc finalement selon l'équation suivante et dans le tableau suivant :

$$PP + IM + MC + MT + IP - SP = CIP + DC + FBCF + VS + OV + EX$$

Tableau 4. **L'équilibre ressources-emplois d'un produit**

Ressources	**Emplois**
P1 Production (prix de base)	**P2** Consommation intermédiaire
P7 Importation	**P3** Consommation finale
Total Ressources (prix de base)	**P51** Formation brute de capital fixe
P91 Marge de transport	**P52** Variation de stocks
P92 Marge de commerce	**P53** Acquisition nette d'objets de valeur
D21 Impôt sur le produit	**P6** Exportation
D31 Subvention sur le produit (-)	
Total Ressources (prix d'acquisition)	**Total Emplois (prix d'acquisition)**

Le partage volume/prix

L'évolution des différentes opérations, production, consommation, etc., mesurées suivant les cas au prix de base ou au prix d'acquisition comme indiqué plus haut, est dite « évolution en valeur courante » (ou plus simplement en valeur). Mais il est nécessaire de distinguer dans cette évolution la partie qui est due à l'évolution des prix et l'évolution résiduelle qui est dite évolution en volume. Celle-ci résulte donc à la fois de l'évolution des quantités et de l'évolution de la qualité du produit.

L'appréciation de l'« effet qualité » est une des principales difficultés de la mesure des évolutions de prix, qui doivent être « à qualité constante ». Avec les stratégies commerciales qui nous présentent sans cesse des « nouveaux produits », il faut savoir mettre des chiffres derrière le slogan : « Bien sûr, c'est un peu plus cher, mais c'est tellement mieux ! » Par exemple, depuis de nombreuses années, le prix, à qualité constante, des ordinateurs décroît fortement (environ 20 % par an) car, si la valeur augmente lentement, la progression spectaculaire des performances (rapidité, mémoire, etc.) est considérée comme une amélioration de la qualité.

Pour toutes les opérations sur les produits, il y a trois systèmes de prix possibles :

— au prix courant, ou en valeur, constituant des séries qui sont cohérentes dans le temps ;

— au prix de l'année précédente, ou en volume, calculables uniquement par couple d'années (n + 1 au prix de n), mais qui ne peuvent donc pas constituer des séries temporelles ;

— au prix d'une année de base, ou en volume chaîné, qui sont obtenus à partir d'une année de base en chaînant avec les indices de volume précédents.

Les comptes en volume sont parfois qualifiés (à tort !) de « comptes réels » comme si l'évolution des prix (l'inflation) n'était pas une composante importante de la conjoncture économique. Mais, au-delà de ce vocabulaire inadéquat, c'est bien l'évolution du PIB en volume qui est généralement retenue comme l'indicateur de la « croissance ».

Sur le graphique 1, on distingue nettement deux régimes de croissance. Avant 1975, période dite des trente glorieuses, la croissance est en moyenne d'environ 5 % par an, alors que dans la suite jusqu'à 2010, elle atteint à peine 2 %. En le rapprochant du graphique 10 sur l'évolution du prix du PIB, on constate que la croissance des trente glorieuses a été soutenue par une forte demande malgré une inflation annuelle d'environ 6 %, qui ne pesait pas sur les salaires, à peu près indexés sur les prix, et qui allégeait l'endettement des entreprises, les seuls perdants étant les rentiers (dont Keynes recommandait l'euthanasie), mais ils se sont bien rattrapés depuis...

Graphique 1. **Taux de croissance du PIB en volume depuis 1949**
(en %)

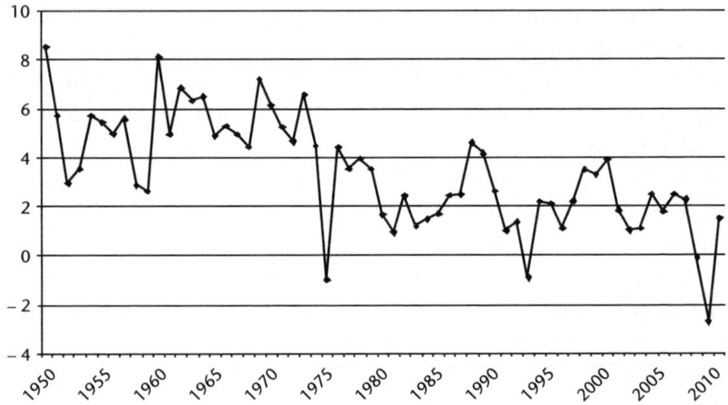

Un inconvénient des séries chaînées est qu'elles ne conservent pas l'additivité, ni dans les équilibres ressources-emplois (le total des emplois est différent du total des ressources) ni dans les agrégations par produits, puisque la somme de deux séries chaînées n'est pas égale au chaînage de la somme. Jusqu'à la base 1980 incluse, on rétablissait l'additivité en équilibrant les ERE au niveau le plus fin possible (par solde sur un des postes), puis en agrégeant par simple addition. À partir du SEC 95, on s'en tient à la pure arithmétique et on présente des comptes en volume chaînés non équilibrés.

La CN ne calcule évidemment pas un seul indice de prix, mais autant que d'opérations sur biens et services : DC des ménages, FBCF, exportations, importations, et des deux derniers indices on peut déduire l'évolution des *termes de l'échange* de la France (rapport entre l'indice du prix des exportations et l'indice du prix des importations). Existent aussi des indices de prix de la valeur ajoutée. Comme celle-ci est un solde, on ne peut calculer son indice de prix qu'indirectement à partir d'une méthode dite de « double déflation » : en retirant de la production à prix constants d'une branche sa CI à prix constants, on obtient sa VA à prix constants ; de la comparaison de cette dernière avec

Indices de volume et de prix

La relation simple « valeur = quantité × prix » se complique quand il y a plusieurs produits. En effet, les quantités ne sont pas additives, on ne peut pas ajouter des carottes et des poireaux ! Il faut pondérer les quantités par des prix afin d'avoir des valeurs monétaires qui, elles, sont additives.

Soit i produits, sur la période 0 – t, en quantités q^i aux prix p^i.

On peut mesurer de plusieurs manières l'évolution des quantités entre 0 et t. Les trois types d'indices les plus utilisés sont :

— l'indice de Laspeyres : les quantités sont pondérées par les prix du début de période :

$$L_q = (\Sigma_i p_0^i q_t^i) / (\Sigma_i p_0^i q_0^i)$$

— l'indice de Paasche : les quantités sont pondérées par les prix de fin de période :

$$P_q = (\Sigma_i p_t^i q_t^i) / (\Sigma_i p_t^i q_0^i)$$

— l'indice de Fischer : qui est symétrique vis-à-vis des prix de début et de fin de période, c'est la moyenne géométrique des indices de Laspeyres et de Paasche :

$$F_q = (L_q P_q)^{1/2}$$

On peut construire de la même façon trois indices pour l'évolution des prix, en échangeant les p et les q.

En pratique dans les comptes nationaux français (et européens), on choisit un indice de Laspeyres des volumes L_q et un indice de Paasche des prix P_p, qui vérifient la relation :

$$V_t/V_0 = (\Sigma_i p_t^i q_t^i) / (\Sigma_i p_0^i q_0^i) = ((\Sigma_i p_0^i q_t^i) / (\Sigma_i p_0^i q_0^i)) * ((\Sigma_i p_t^i q_t^i) / (\Sigma_i p_0^i q_t^i))$$

Soit :	V_t/V_0	=	L_q	*	P_p
	évolution en valeur		évolution en volume		évolution en prix

En particulier, l'évolution du PIB en volume (la « mesure de la croissance ») est un indice de Laspeyres et son évolution en prix un indice de Paasche.

la VA à prix courants, on déduit l'indice de prix implicite de la VA. L'indice implicite de prix du PIB est un bien meilleur indicateur de l'évolution générale des prix que l'indice des prix à la consommation des ménages, mais celui-ci présente l'avantage d'être calculé mensuellement.

Pour calculer les évolutions en volume des opérations financières ou de répartition (salaires, intérêts, impôts...), il faut utiliser des indices de prix d'opérations sur biens et services : par exemple, l'indice des prix de la DC des ménages pour déflater l'évolution de leur RDB (on mesure donc implicitement le pouvoir d'achat de leur épargne avec un indice qui concerne leur consommation).

La valeur ajoutée

À la nomenclature des produits correspond une nomenclature des branches (à l'exception du commerce qui est une branche mais pas un produit, voir p. 21). Une branche est en effet le regroupement des unités de production homogène qui produisent le même bien ou le même service à partir des autres produits de la nomenclature. Cette dernière précision est indispensable : si la branche automobile, par exemple, était l'ensemble des unités qui produisent des automobiles, la définition serait trop extensive car il faudrait alors y inclure les unités qui produisent l'acier, l'énergie, le verre, etc., nécessaires à la PB d'automobiles (c'est-à-dire la production P de la branche B automobiles). L'unité de production homogène est une notion purement analytique ; elle peut correspondre à une unité institutionnelle (par exemple, une entreprise) ou seulement à une partie de celle-ci. C'est ainsi que Renault (unité institutionnelle) est éclatée en unités de production homogène aussi nombreuses que le requiert la nomenclature, compte tenu de la diversité de ses activités (machines-outils, bâtiments...).

La PB d'une branche X est en principe identique à la valeur du produit X (exceptions, voir encadré p. 47). Mais la valeur produite par cette branche est inférieure à cette P. Curieux, mais évident. Lorsque la branche X produit le bien X, la valeur de celui-ci contient la valeur de produits que la branche a utilisés sans les avoir produits. La valeur des automobiles produites contient par exemple la valeur de pneus, de verre, d'acier, d'énergie, etc., produits par d'autres branches (ce sont des CIB pour la branche automobile). La valeur réellement produite par la branche n'est donc pas celle des automobiles, mais celle qu'elle a ajoutée par son activité aux différentes CIB qu'elle a dû utiliser au cours du processus de production. Cette valeur qu'elle a ajoutée est... la valeur ajoutée (VA). *La VA de la branche est donc l'excédent de la valeur des biens ou services produits sur la valeur des biens et services intermédiaires consommés pour les produire.* Elle représente la valeur nouvelle créée au cours du processus de P. La VA de la branche est donc la différence entre la PB de la branche et les CIB utilisées par la branche : VAB = PB — CIB (attention ! La branche a une VA, mais le produit ne peut pas en avoir car il n'a pas d'activité).

En fait, cette VA ne correspond pas exactement à l'apport productif de la branche... Plus précisément, cette VA est brute. Car, pour produire, la branche n'a pas seulement absorbé des CI ; elle a aussi usé des machines et des bâtiments. Bref, elle a consommé du capital fixe produit antérieurement par d'autres branches. Autrement dit, la

Tableau 5. **Production, VA, FBCF, emploi par branche en 2010**
(en milliards d'euros et milliers de personnes)

Code		Prod.	VA	FBCF	Emploi
AZ	**Agriculture, sylviculture et pêche**	**78**	**30**	**10**	**689**
BE	**Industrie**	**865**	**218**	**47**	**3 250**
BZ	*Extraction*	*5*	*2*	*1*	*21*
CZ	*Industrie manufacturière*	*724*	*174*	*29*	*2 948*
CA	Aliments, boissons, tabac	143	29	5	613
CB	Textile, habillement, cuir	16	5	1	133
CC	Bois, papier, imprimerie	38	10	2	227
CD	Cokéfaction et raffinage	41	1	1	8
CE	Chimie	63	11	3	129
CF	Pharmacie	26	8	1	77
CG	Caoutchouc, plastique	54	19	2	297
CH	Métallurgie	83	27	4	433
CI	Équip. inform., électron.	22	6	3	132
CJ	Équipements électriques	25	7	1	91
CK	Autres machines	35	11	1	199
CL	Matériels de transport	121	17	5	253
CM	Autres ind. manuf., réparation	56	25	3	356
DZ	*Électricité, gaz*	*102*	*29*	*12*	*138*
EZ	*Eau, gestion des déchets*	*34*	*13*	*5*	*142*
FZ	**Construction**	**257**	**104**	**8**	**1 812**
GU	**Services princip. marchands**	**1 774**	**992**	**253**	**13 061**
GZ	*Commerce, réparation d'auto.*	*345*	*185*	*13*	*3 628*
HZ	*Transports et entreposage*	*176*	*88*	*24*	*1 358*
IZ	*Hébergement et restauration*	*85*	*46*	*7*	*1 088*
JZ	*Information et communication*	*177*	*86*	*20*	*770*
KZ	*Activités financières et d'assurance*	*184*	*82*	*12*	*884*
LZ	*Activités immobilières*	*288*	*232*	*131*	*282*
MN	*Services aux entreprises*	*426*	*214*	*37*	*3 488*
MA	Activités jur., compt., ing.	177	85	11	955
MB	R & D scientifique	42	18	5	229
MC	Autres activités scient. et tech.	30	13	2	304
NZ	Activités de services administratifs	177	99	19	2 000
RU	*Autres services princip. marchands*	*94*	*60*	*9*	*1 563*
OQ	**Services princip. non marchands**	**523**	**393**	**55**	**7 868**
OZ	*Administration publique*	*197*	*136*	*31*	*2 439*
PZ	*Enseignement*	*122*	*100*	*10*	*1 821*
QA	*Santé*	*136*	*101*	*9*	*1 750*
QB	*Action sociale*	*68*	*57*	*5*	*1 858*
	Total des branches	**3 497**	**1 738**	**373**	**26 679**

mesure exacte de l'apport productif de la branche n'est pas la VA *brute* (c'est-à-dire P de la branche moins CI de la branche) mais celle-ci moins la consommation de capital fixe (CCF) : c'est la VA *nette*. La CCF est la dépréciation subie par le capital fixe pendant la période à cause de son usure ou de son obsolescence. Son évaluation fait partie du calcul des comptes de patrimoine (voir chapitre IV) pour lequel la comptabilité d'entreprise n'est pas une source adaptée, notamment parce qu'elle obéit à des règles fiscales. Dans ces conditions, les différents soldes de la CN (comme la VA) sont maintenant présentés bruts et nets. Depuis 1978, la VA nette a été en moyenne inférieure de 15 % à la VA brute (en 2010, VA brute = 1 738 milliards, CCF = 266, VA nette = 1 472). Lorsque nous ne le précisons pas, dans ce livre, la VA est brute.

La somme des VAB est additive pour l'ensemble de l'économie, mais ce n'est pas vrai pour la somme des productions à cause des doubles comptes : par exemple, ajouter la production de pneus, la production de vitres pour automobiles et la production d'automobiles revient à compter deux fois les pneus et les vitres !

Le PIB et l'équilibre des ressources et des emplois en biens et services

L'équilibre comptable des ressources et des emplois d'un produit s'écrit (voir p. 36) :

$$PP + IM + MC + MT + IP - SP = CIP + DC + FBCF + VS + OV + EX$$

puis avec EF = DC + FBCF + VS + OV + EX = somme des emplois finals,

$$PP + IM + MC + MT + IP - SP = CIP + EF$$

Cet équilibre peut être écrit pour tous les produits de la nomenclature. Si l'on additionne membre à membre ces équilibres ressources-emplois, on obtient un équilibre général qui s'écrit exactement comme l'équilibre précédent, mais où ΣPP est maintenant la valeur de la production de tous les produits :

$$\Sigma PP + \Sigma IM + \Sigma MC + \Sigma MT + \Sigma IP - \Sigma SP = \Sigma CIP + \Sigma EF$$

Elle est égale à la production des branches correspondantes, c'est-à-dire de toutes sauf la branche commerce et la branche transport. Mais, par définition (voir p. 35), la somme des marges de commerce ΣMC est égale à la production de la branche commerce PC, et la somme des marges de transport ΣMT est égale à la production de la branche transport (de biens) PT. D'autre part, la somme des consommations intermédiaires de produits

ΣCIP est égale à la somme des consommations intermédiaires de branches ΣCIB. L'écriture de l'équilibre général de l'économie se simplifie :

$$\Sigma PB + \Sigma IM + \Sigma IP - \Sigma SP = \Sigma CIB + \Sigma EF$$

ΣMC et ΣMT ont disparu car ΣPB est maintenant la valeur de la production de toutes les branches, y compris celles du commerce et du transport. Cet équilibre général des ressources et des emplois doit se lire ainsi : les ressources sont les productions de toutes les branches et les importations (on ajoute à ces deux éléments les impôts sur les produits nets de subventions sur les produits parce qu'ils sont mesurés aux prix de base et que l'on souhaite les obtenir aux prix d'acquisition) ; ces ressources sont nécessairement égales à la somme de toutes les utilisations.

Toutefois, ce résultat n'est pas très intéressant... Cet équilibre ne nous indique pas réellement de quelles quantités l'économie nationale dispose pour les différents emplois finals. Une partie des ressources est en effet utilisée pour produire ces mêmes ressources, c'est-à-dire absorbée par de la CI. L'équation précédente est réécrite sous la forme :

$$\Sigma PB - \Sigma CIB + \Sigma IP - \Sigma SP = \Sigma EF - \Sigma IM$$

puis, avec la définition de la VA : PB – CIB = VAB :

$$\Sigma VAB + \Sigma IP - \Sigma SP = \Sigma EF - \Sigma IM$$

La somme des VAB augmentée des IP nets des SP est égale par définition au PIB (produit intérieur brut, *brut* parce que les VA sont brutes). Le PIB apparaît ainsi comme *la valeur, au prix du marché, des biens et services produits par des unités résidentes* : PIB = ΣVAB + ΣIP – ΣSP *(c'est le PIB mesuré par l'offre) et disponibles pour des emplois finals nets des importations* : PIB = ΣEF – ΣIM *(c'est le PIB mesuré par la demande).* On verra plus loin une troisième mesure à partir des revenus.

L'équilibre général ressources-emplois en produits s'écrit en définitive en supprimant pour simplifier les signes de sommation Σ :

$$PIB + IM = DC + FBCF + VS + OV + EX$$

C'est la relation la plus synthétique entre les opérations sur biens et services d'une économie donnée. À ce titre, elle est un cadre commode pour présenter des prévisions économiques ou des comparaisons spatiales ou temporelles. La transformation de cette relation montre que le PIB est nécessairement la somme de la demande intérieure (DC + FBCF + VS + OV) et du solde extérieur (EX – IM).

Remarque : dans le système français de CN jusqu'au passage au SEC 95, on calculait un PIB marchand et un PIB non marchand, partage tout à fait pertinent d'un point de vue conceptuel, dont l'abandon est regrettable.

Tableau 6. « **Fiche de PIB** ».
Ressources et emplois de biens et services en 2010
(en milliards d'euros et en %)

	Valeur 2009	Indice de volume	Indice de prix	Valeur 2010
Ressources				
Produit intérieur brut	1 889,2	1,5	0,8	1 932,8
Importations	475,2	8,8	4,0	537,5
Total	2 364,4	2,9	1,5	2 470,3
Emplois				
Dépenses de consommation finale des ménages	1 057,8	1,3	1,2	1 084,8
Dépenses de consommation finale des administrations publiques	467,0	1,2	1,5	479,9
Dépenses de consommation finale des ISBL	37,8	1,9	2,1	39,4
Formation brute de capital fixe	373,0	– 1,2	1,2	373,3
Acquisitions, nettes des cessions, d'objets de valeur	0,5	– 1,3	14,1	0,6
Variation de stocks	– 12,7	–	–	0,2
Exportations	440,9	9,7	1,7	492,2

Le tableau des entrées-sorties, synthèse des opérations sur biens et services, et représentation du système productif

Le tableau des entrées-sorties (TES) résulte de la juxtaposition de cinq tableaux. Il est publié aux niveaux 17, 38 et 88 de la nomenclature.

Au vu du tableau 7, on comprend pourquoi le TES est appelé « compte en T ». La barre horizontale est détaillée *en lignes par produits*. La barre verticale est détaillée *en colonnes par branches*, mais elle peut aussi être présentée par activités ou par secteurs institutionnels (c'est-à-dire plus généralement selon les producteurs).

Le TES est tout d'abord une présentation des équilibres ressources-emplois pour chacun des produits :

$$PP + IM + MC + MT + IP - SP = CIP + DC + FBCF + VS + OV + EX$$

Tableau 7. **La structure du tableau des entrées-sorties (TES)**

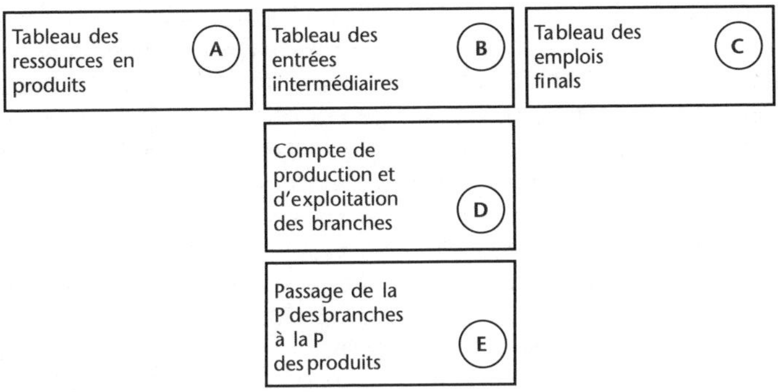

Prenons l'exemple des produits industriels (n° 2 du TES, p. 49). Le tableau A reprend en ligne la partie gauche de l'égalité. La valeur des ressources au prix d'acquisition (1 748) est la somme de la production des produits (885) et des importations (443) auxquels on doit, pour passer du prix de base au prix d'acquisition (voir encadré p. 33), ajouter les marges commerciales (274) et de transport (32), ainsi que les impôts sur les produits (120), et dont il faut retrancher les subventions sur les produits reçues par les producteurs (– 5). La partie droite de l'équilibre ressources-emplois est en ligne dans les tableaux B et C. Dans le tableau C des emplois finals, on constate que les produits de l'industrie entrent dans les dépenses de consommation finale des ménages (496) et des administrations (30), servent à la FBC (84) ou sont exportés (376), soit au total 986 d'emplois finals. La dernière colonne du tableau B des emplois intermédiaires nous dit que des produits de l'industrie ont aussi été absorbés comme consommation intermédiaire par d'autres producteurs (762). On a donc — heureusement ! — au total autant d'emplois que de ressources (762 + 986 = 1 748).

L'intérêt principal du TES n'est cependant pas de juxtaposer des équilibres ressources-emplois par produit, mais de décomposer la CIP du produit. En ligne, le tableau B des entrées intermédiaires nous indique combien chaque branche utilise de chaque produit à titre de consommation intermédiaire. 762 de produits de l'industrie ont été utilisés comme CI : par l'agriculture (26), par l'industrie elle-même (454), par la construction (73), par les services principalement marchands (157) et par les services principalement non marchands (52). En ligne se lisent donc les débouchés des produits de l'industrie. Dans la

Lecture du TES

Le tableau des entrées-sorties (p. 45) est une présentation simplifiée du TES de 2010. En raison des arrondis, un total peut ne pas correspondre à la somme exacte des éléments qui y concourent. Ce TES correspond au niveau 5, le plus agrégé, de la nomenclature (voir encadré p. 32).

Sens des abréviations : Services p.m. : services principalement marchands. Services pnm : services principalement non marchands. Corr. terr. : correction territoriale. TA + VR : fusion d'une ligne « transferts agricoles » et d'une ligne « ventes résiduelles ». CIB : consommation intermédiaire des branches ; CIP : consommation intermédiaire des produits. PB : production des branches. PP : production des produits.

Voici quelques explications sur certains aspects de ce TES. Attention : le plus important est expliqué dans le cours du texte p. 44 et 45.

1) Dans le tableau des ressources en produits, la colonne IM (importations) est la fusion de trois colonnes : IM de biens, IM de services et correction CAF/FAB (voir p. 34).

2) On voit bien dans la colonne MC le résultat de ce qui a été expliqué à propos du commerce. L'existence de « – 295 » de MC sur la ligne « services » dénote la présence, dans cette ligne, de l'équilibre propre au commerce : P – MC = 0 (qui résulte de P = MC). Comme on l'a expliqué p. 43, la somme de la colonne est nulle. C'est pour des raisons analogues que figurent des MT affectées du signe moins (– 33) sur la ligne des « services p.m. » (les transports sont une partie de ces services).

3) Le « vrai » TES détaille beaucoup plus le tableau des emplois finals : six colonnes pour la DC (la distinction entre la DC individuelle des APU et leur DC collective est présentée p. 87 ; la DC des ISBLSM est intégrée ici à la DC individuelle des APU) ; six colonnes pour la FBCF en fonction du secteur institutionnel qui investit ; une pour les « objets de valeur » sur la ligne « industrie » et qui fait partie de la FBC.

4) Depuis la base 2000, il n'existe plus de branche unité fictive (BUF) présente dans les anciens TES pour absorber la consommation intermédiaire imputée de SIFIM.

5) La correction territoriale : les importations (IM) des différents produits ne comprennent pas la consommation des résidents hors du territoire (touristes français à l'étranger) qui correspond pourtant bien à une IM puisqu'il s'agit d'achats de résidents à des non-résidents, c'est-à-dire au reste du monde. Pour en tenir compte, on augmente globalement les IMP (de 30). Symétriquement, des non-résidents ont consommé sur notre territoire ; pour la France, ce sont des exportations, mais il est impossible de les connaître produit par produit. On augmente donc globalement les EX (de 35). Dans la colonne DC des ménages, chaque ligne donne la DC pour un produit telle que les sources statistiques permettent de la reconstituer : il s'agit donc de consommation *sur le territoire*, alors qu'on s'intéresse à l'économie nationale, c'est-à-dire à la consommation *des résidents*. Pour passer de la première à la seconde, il faut retirer globalement de la DC sur le territoire ce qui a été consommé par des non-résidents (les 35 comptés

comme EX supplémentaires) et ajouter la DC des résidents réalisée à l'extérieur du territoire (les 30 comptés comme IM supplémentaires). Bref, il faut effectuer une correction de 30 moins 35, soit moins 5 (arrondis).

6) Sous le tableau des entrées intermédiaires, le premier tableau est celui des comptes de production et des comptes d'exploitation des branches. Seuls figurent ici les trois postes des comptes de production.

7) Le tableau du bas permet le passage de la production des branches (seule notion intéressante en colonne puisqu'on est dans une logique de branche) à la production des produits (indispensable pour les lignes qui présentent des équilibres ressources-emplois des produits). Normalement, la P de la branche X devrait être égale à la P du produit X puisqu'une branche est l'ensemble de toutes les unités (ou fractions d'unités) qui produisent le même produit. En réalité, cette égalité n'est pas toujours vraie en raison des *transferts agricoles* et des *ventes résiduelles* (ligne « TA + VR »).

8) Avant la base 2005, il y avait aussi des transferts de produits fatals qui ont disparu grâce au changement de nomenclature. Rappel : Un produit fatal (par exemple, le gaz de cokerie) est celui dont la P est techniquement complètement liée à celle d'un autre produit (le coke), de telle sorte qu'on ne peut pas isoler ses coûts de production, donc définir une unité de production qu'on pourrait ajouter à la branche correspondante (branche gaz). La P de la branche coke comprend donc la valeur du gaz fatal, mais celle-ci ne peut évidemment faire partie de la valeur de la P du produit coke. On a donc : P du produit coke = P de la branche coke — valeur du gaz fatal. Symétriquement, la valeur du produit gaz est supérieure à celle de la P de la branche gaz puisqu'elle comprend la valeur du gaz fatal. On a donc ici : P du produit gaz = P de la branche gaz + valeur du gaz fatal. La valeur des produits fatals est retirée ou ajoutée à la P des branches sur la ligne « transferts de produits fatals » dont la somme est nulle puisque, par définition, la somme des P des branches égale la somme des P des produits.

9) Les transferts agricoles correspondent à la production de vin (qui est un produit des industries agroalimentaires selon la nomenclature) par la branche agriculture.

10) Les « ventes résiduelles » (ligne « VR ») sont justiciables d'un raisonnement voisin. Il s'agit de certains biens ou services produits et vendus par les administrations dans des conditions telles qu'on ne peut isoler leurs coûts de ceux d'autres produits (la fatalité n'est plus technique, mais comptable...). Par exemple : les polycopiés vendus par une université aux étudiants font partie de la production de la branche éducation, mais sont un produit de l'édition. On les retire de la valeur de la P de la branche services principalement non marchands (qui est donc nécessairement supérieure à celle de la P des produits services principalement non marchands, voir 523 et 497 dans le TES) pour la transférer dans la valeur de la P des produits de l'édition (qui est donc supérieure à celle de la branche édition). La ligne « VR » qui retrace ces transferts a donc une somme toujours nulle.

11) La signification de la distinction entre DC individuelle des APU et DC collective des APU est expliquée p. 87.

colonne 2 du tableau des entrées intermédiaires, on constate que, pour produire, la branche industrie a consommé de façon intermédiaire 38 de produits agricoles, 454 de produits industriels (lorsqu'une branche consomme ses propres produits, on parle d'intraconsommation), 8 de produits de la construction, 143 de services principalement marchands et 3 de services principalement non marchands. Au total, l'industrie a donc consommé pour 647 de produits de toutes les branches. Ce tableau fait apparaître à quel point les branches sont interdépendantes : la valeur des CI qu'elles absorbent — 1 759 — correspond à la moitié de la valeur de leur production.

Le tableau D propose les comptes d'exploitation par branche dont nous étudierons ultérieurement la structure. Pour la branche industrie, il annonce que la VA est de 218, excédent de la P de la branche (865) par rapport à sa CI (647). Cette VA est partagée entre la rémunération des salariés, l'excédent brut d'exploitation et les impôts nets sur la production et les imports. Le tableau E, enfin, est là pour permettre de passer de la P de la branche à la P des produits, ces deux P différant pour des raisons exposées dans l'encadré. La dernière ligne du tableau E est la même que la première colonne du tableau A. La boucle est bouclée.

Le cœur du TES est évidemment le tableau des entrées intermédiaires (B) : il représente le *système productif* comme un ensemble de branches se livrant mutuellement des CI. Cette matrice des CI a comme total en lignes les CIP et comme total en colonnes les CIB. C'est une représentation très riche puisqu'elle met bien en évidence l'interdépendance entre les branches ; mais cette représentation est aussi très limitée et bien particulière : l'analyse de la production est réduite à celle de certaines des relations marchandes qui la conditionnent (rien sur l'emploi, les qualifications, etc.), et les sujets du processus sont censés être les branches, c'est-à-dire des réalités analytiques dont la consistance est principalement technique. Le TES, malgré (ou à cause de) sa simplicité, est un instrument extrêmement fructueux.

Les utilisations du tableau des entrées-sorties

Les premiers TES, appelés tableaux *input-output*, ont été inventés dans les années 1930 par Wassili Leontief, un économiste américain d'origine russe, qui les utilisa d'abord pour analyser l'évolution de l'économie américaine [Leontief, 1941], ensuite pour la prévision et la simulation.

Le TES permet en premier lieu une description de l'interdépendance entre les branches à l'aide de *coefficients technico-économiques*. Dans le

Tableau 8. **Le tableau des entrées-sorties (TES), 2010**

(en milliards d'euros)

Produits	PP**	IMP	MC	MT	IP	SP	Total Ressources
1. Agriculture	69	11	21	2	2	– 1	104
2. Industrie	885	443	274	32	120	– 5	1 748
3. Construction	257				22	0	279
4. Services mar.	1 789	54	– 295	– 33	65	– 9	1 570
5. Services n. mar.	497	0			1		499
Corr. Ter.		30					30
Total	3 497	537	0	0	210	– 15	4 230

Produits \ Branches	1	2	3	4	5	Total CIP*
1. Agriculture	16	38	0	1	0	56
2. Industrie	26	454	73	157	52	762
3. Construction	0	8	38	15	7	69
4. Services mar.	5	143	40	603	64	855
5. Services n. mar.	0	3	1	7	6	18
Corr. Ter.						
Total CIB*	48	647	152	782	130	1 759

Produits	DC MÉN.	DC ind. APU	DC coll. APU	DC ind. ISBL	FBC	EXP	Total emp. fin.
1. Agriculture	31				4	13	48
2. Industrie	496		30		84	376	986
3. Construction	13				198		211
4. Services mar.	495	11	37	16	88	67	714
5. Services n. mar.	55	158	244	23		1	481
Corr. Ter.	– 5					35	30
Total	1 085	169	311	39	374	492	2 470

	1	2	3	4	5	Total
VAB	30	218	104	992	393	1 738
Rémun. des salariés	8	147	62	512	302	1 030
EBE + RM	28	60	40	440	86	653
Autres imp. prod.	– 6	12	3	40	6	55
PB**	78	865	257	1 774	523	3 497
TA + VR	– 9	19	0	15	– 26	0
PP	69	885	257	1 789	497	3 497

* CIB : consommation intermédiaire de la branche.
CIP : consommation intermédiaire du produit.
** PB : production de la branche.
PP : production du produit.

tableau des entrées intermédiaires, l'intersection de la ligne 2 et de la colonne 1 indique que la branche « agriculture » absorbe 26 de produits industriels comme CI. Le quotient de cette CI par la production de la branche « agriculture » (78, dernière ligne du tableau D) indique que l'agriculture a consommé en moyenne 33 centimes de produits industriels pour produire 1 euro de produits agricoles (26 : 78 = 0,33). 0,33 est le coefficient d'entrée des produits industriels dans la branche « agriculture » (coefficient technique d'entrée). Des coefficients analogues peuvent être calculés pour chacune des cases du tableau des entrées intermédiaires. Leur ensemble constitue la *matrice structurelle* de l'économie.

Tableau 9. **Matrice des coefficients techniques du TES précédent**

Produits \ Branches	1	2	3	4	5
1. Agriculture	0,207	0,044	0,002	0,001	0,001
2. Industrie	0,334	0,525	0,283	0,088	0,100
3. Construction	0,004	0,010	0,149	0,008	0,013
4. Services marchands	0,069	0,166	0,157	0,340	0,122
5. Services non marchands	0,002	0,004	0,002	0,004	0,012

L'évolution d'un coefficient technique ne dépend pas seulement de celle des techniques utilisées par la branche et de la déformation des prix relatifs, mais aussi des rendements d'échelle (constants si la quantité de CI utilisée est strictement proportionnelle à la quantité produite par la branche utilisatrice) et des changements dans la structure de la branche (car le coefficient d'une branche est la moyenne des coefficients des sous-branches qui la composent, pondérée par leur importance respective).

Si le TES permet une description des structures économiques et de leurs évolutions, il est cependant principalement utilisé pour la prévision, la planification et la simulation économiques.

On présentera le principe de ces utilisations à partir de l'exemple simplifié d'une économie à deux branches A et B (donc deux produits) sans relations avec le reste du monde. Les coefficients techniques seront supposés constants au cours du temps (hypothèse de Leontief). Dans une telle économie, la P de la branche A (P_a) est égale à la somme des emplois du produit A ; emplois finals (EF_a), c'est-à-dire produit A utilisé pour la DC, la FBCF et la VS, et CI du produit A absorbée par la branche A (CI_{aa}) et par la branche B (CI_{ab}). Il en est de même pour la P de la branche B. On peut donc résumer ainsi l'équilibre de cette économie : $P_a = CI_{aa} + CI_{ab} + EF_a$ et $P_b = CI_{ba} + CI_{bb} + EF_b$. Comme il existe une relation fixe — hypothèse de Leontief — entre la CI d'un produit par une branche et la P de cette branche (c'est le coefficient technique), ces égalités peuvent s'écrire : $P_a = 0{,}1\ P_a + 0{,}25\ P_b + EF_a$ et $P_b = 0{,}3\ P_a + 0{,}15\ P_b + EF_b$. L'interdépendance des deux branches apparaît ici dans un système de deux équations à quatre inconnues (P_a, P_b, EF_a et EF_b). Ce système permet de calculer les EF si l'on connaît les P, ou les P si l'on se donne les EF. On présentera le principe de ces utilisations à partir de l'exemple simplifié d'une économie à deux branches A et B (donc deux produits) sans relations avec le reste du monde (tableau 10).

Tableau 10. **Exemple d'un TES simplifié**
(en milliards d'euros)

Branches / Produits	A	B	Total des CI	Emplois finals	Total des emplois
A	20 (0,1)	75 (0,25)	95	105	200
B	60 (0,3)	45 (0,15)	105	195	300
Total des CI	80	120	200	300	500
VA	120	180	300		
Production (total des ressources)	200	300	500		

(Entre parenthèses, les coefficients techniques.)

Imaginons que notre économie simplifiée connaisse des contraintes sur les capacités de P : P_a ne peut pas dépasser 220 et P_b 350. De combien les emplois finals (DC, FBCF, VS) pourraient-ils alors augmenter ? La hausse de 20 de P_a requiert que la branche A absorbe des CI supplémentaires : 2 en produit A ($0{,}1 \times 20 = 2$) et 6 en produit B ($0{,}3 \times 20 = 6$). Pour augmenter sa P de 50, la branche B doit accroître les CI qu'elle absorbe. De 12,5 pour le produit A ($0{,}25 \times 50 = 12{,}5$) et de 7,5 pour le produit B ($0{,}15 \times 50 = 7{,}5$). Finalement c'est seulement $20 - 2 - 12{,}5 = 5{,}5$ qui seront disponibles pour augmenter les emplois finals du produit A (EF_a) et $50 - 6 - 7{,}5 = 36{,}5$ pour accroître les EF_b.

Imaginons maintenant que le planificateur ait l'intention d'augmenter EF_a de 10 et EF_b de 20. De combien les branches A et B doivent-elles accroître leur P pour permettre la réalisation de ces objectifs ? Il faut au moins augmenter P_a de 10 et P_b de 20, mais cela est insuffisant. Car l'accroissement de la P n'est pas entièrement disponible pour les EF, mais doit aussi être consacré à la CI des branches. Pour augmenter P_a de 10, la branche A doit absorber comme CI 1 de produit A (0,1 × 10) et 3 de produit B (0,3 × 10). De même, la hausse de 20 de P_b n'est possible que si la branche B augmente ses CI de 5 en produit A (0,25 × 20 = 5) et de 3 en produit B (0,15 × 20 = 3). Autrement dit, la CI de produit A augmente de 1 à cause de la hausse de P_a et de 5 à cause de celle de P_b. Soit un total de 6. On peut écrire $\Delta_1 CI_a = (0{,}1 \times 10) + (0{,}25 \times 20) = 6$. Quant à la CI du produit B, elle doit s'élever de $\Delta_1 CI_b = (0{,}3 \times 10) + (0{,}15 \times 20) = 6$.

Récapitulons. Pour permettre une hausse de EF_a de 10 et de EF_b de 20, les branches A et B doivent augmenter leur P de 10 et de 20. Cela induit des besoins de CI de 6 pour le produit A et de 6 pour le produit B. Pour satisfaire ces besoins, il faut augmenter à nouveau P_a de 6 et P_b de 6. Mais ces hausses supplémentaires de la P requièrent elles-mêmes de nouvelles CI de produits par les branches : $\Delta_2 CI_a = (0{,}1 \times 6) + (0{,}25 \times 6) = 2{,}1$ et $\Delta_2 CI_b = (0{,}3 \times 6) + (0{,}15 \times 6) = 2{,}7$. Ces nouvelles CI requièrent elles-mêmes une nouvelle vague d'accroissement des P : 2,1 pour la branche A et 2,7 pour la branche B. Ce qui nécessite des CI supplémentaires : $\Delta_3 CI_a = (0{,}1 \times 2{,}1) + (0{,}25 \times 2{,}7) = 0{,}885$ et $\Delta_3 CI_b = (0{,}3 \times 2{,}1) + (0{,}15 \times 2{,}7) = 1{,}035$. Etc. L'itération conduit évidemment à des accroissements supplémentaires de plus en plus faibles. Si l'on arrête le calcul après $\Delta_4 CI_a$ et $\Delta_4 CI_b$, on obtient 19,33 pour l'accroissement de P_a (10 pour la hausse désirée de EF_a, 9,33 pour les CI supplémentaires induites par les accroissements de EF_a et EF_b) et 30,16 pour celui de P_b.

Les solutions du problème peuvent évidemment directement être trouvées en résolvant les deux équations de la p. 51 (on trouve 19,565 et 30,435) ; mais la méthode par itération permet de suivre pas à pas les conditions nécessaires à la satisfaction de l'accroissement des demandes finales (la méthode est également plus rapide lorsque l'économie a plus de deux branches).

Dans une économie à n branches, on a : $A X + Y = X$, où A est la matrice des coefficients techniques, X le vecteur des productions et Y celui des emplois finals. Si I est la matrice unité, on a $[I - A] X = Y$ (relation de Leontief qui permet de calculer Y si l'on se donne X) et $[I - A]^{-1} Y = X$ (qui permet de calculer X si l'on se donne Y). Sous forme matricielle, la méthode par itération consiste à remarquer que la relation $[I - A]^{-1} Y = X$ peut aussi s'écrire : $[I + A + A^2 + A^3 + \ldots] Y = X$.

C'est en utilisant une telle méthode que Leontief montra à l'aide d'un TES à 42 branches (agrégées en 12 pour simplifier les calculs) que l'industrie américaine de l'acier, assimilée alors à une industrie de guerre, non seulement ne serait pas en état de surproduction après la Seconde Guerre mondiale, mais au contraire ne parviendrait pas à répondre aux demandes directes ou indirectes suscitées par la reconversion de l'économie américaine (notamment redémarrage de la construction de logements). Sur le modèle de Leontief, voir Guerrien [2002].

Dans certains cas, le TES est un instrument intéressant pour aller au-delà des apparences dans la description de l'économie nationale. Il permet ainsi de calculer les contenus réels en importations de chacun des emplois finals. Prenons l'exemple de la DC des ménages. Celle-ci comprend des produits importés ; la somme de ceux-ci constitue le *contenu direct en importations* de cette DC. Le reste de la consommation des ménages est constitué de biens et services produits sur le territoire, mais presque tous sont directement ou indirectement obtenus à partir de produits importés : la P d'une branche requiert des CI dont certaines sont importées et dont d'autres ont été produites par des branches qui utilisaient des CI importées, etc.

Parce qu'il décrit les interdépendances entre les branches, le TES permet de calculer ces *contenus indirects en importations*. La somme des contenus directs et indirects donne le *contenu total en importations* calculable pour chacun des emplois finals, y compris les exportations. En 1989, le contenu total en importations des exportations s'élevait à 23 % des exportations et celui de la consommation des ménages était de 18,3 %. Nettement moins que le contenu total en importations de la FBCF totale (28,4 %) et surtout que celui de la FBCF des seules entreprises non financières (37 %). Ce contenu atteignait 56 % pour les biens d'équipement professionnel et 58 % pour le matériel de transport terrestre [Barge et Moyne, 1991]. Cette référence ancienne ne semble pas avoir été actualisée, bien que ces contenus en import soient des indicateurs pertinents de la mondialisation. Mais, récemment, Eurostat a demandé aux pays membres de reprendre ces calculs.

Le TES joue un rôle essentiel dans les simulations économiques ; il permet d'étudier les effets directs et indirects, branche par branche, produit par produit, sur les prix et sur les quantités, d'événements subis ou voulus : variation du prix de l'énergie, des salaires, dépréciation monétaire, etc. La plupart des modèles économétriques intègrent aujourd'hui des TES plus ou moins détaillés.

Mais les grands modèles contemporains ne reposent pas seulement sur le TES ; ils prennent aussi en considération le comportement des agents économiques dont la représentation est un des objectifs essentiels de l'approche par les revenus.

II / L'approche par les revenus : présentation générale et application au cas des sociétés

Il ne s'agit plus maintenant de donner une image de l'économie comme *système productif dont les sujets sont les branches*, mais de la représenter sous la forme d'un *circuit économique* mettant en œuvre l'ensemble des opérations non financières (opérations sur biens et services, opérations de répartition) et des opérations financières entre les différents agents économiques. Comme il est évidemment exclu d'élaborer des comptes pour chaque agent, on les regroupe en catégories appelées secteurs institutionnels (SI). Les SI sont des regroupements d'unités institutionnelles définies comme *centres élémentaires de décision économique* qui jouissent en principe d'une autonomie de décision dans l'exercice de leur fonction principale. Les unités dont le comportement est analogue forment un SI. Le comportement s'apprécie d'après la fonction principale (pour les sociétés non financières, par exemple, produire des biens et services marchands non financiers), la nature et l'origine des ressources principales.

On précisera ces comportements, le contenu et la délimitation des SI au fur et à mesure de la présentation des comptes des SI : sociétés non financières (SNF), ménages (y compris entreprises individuelles), administrations publiques, sociétés financières, institutions sans but lucratif au service des ménages (ISBLSM). On présentera aussi le compte des relations avec le reste du monde, qui regroupe les unités non résidentes dans la mesure où elles ont des relations économiques avec les SI résidents (c'est-à-dire avec l'économie nationale).

Pour retracer toutes les opérations économiques d'un SI, la CN les regroupe dans des comptes que le système classe dans trois catégories :

Tableau 11. **Les secteurs institutionnels**

	Fonction principale	Ressources principales
Sociétés non financières S11	Produire des biens et services marchands non financiers	Ventes de la production
Sociétés financières S12	**Institutions financières (S12A)** : collecter et répartir des disponibilités financières	Dépôts collectés, titres émis
	Assurances (S125) : mutualiser les risques	Primes contractuelles
Administrations publiques S13	Produire des services non marchands ; redistribuer le revenu national	Contributions obligatoires
Ménages S14	**Entrepreneurs individuels (S14A)** : voir SNF S11	Ventes de la production
	Ménages hors EI (S14B) : consommer	Salaires, revenus de la propriété, transferts
Institutions sans but lucratif S15	Produire des services non marchands	Contributions volontaires

— les *comptes courants* traitent de la production, de la formation et de l'utilisation du revenu pendant une période ;

— les *comptes d'accumulation* permettent de présenter tout ce qui, pendant la période, a fait varier les actifs (c'est-à-dire ce que possède le SI) et les passifs (les dettes du SI) et la variation de la *valeur nette* du SI, c'est-à-dire de sa richesse (la valeur nette est la valeur des actifs détenus moins celle des passifs) ; ils comprennent le compte de capital, le compte financier, le compte des « autres changements de volume » et le compte de réévaluation ;

— les *comptes de patrimoine*, enfin, décrivent à un moment donné (début et fin de la période) les stocks d'actifs et de passifs, ainsi que le niveau de la valeur nette.

Les comptes financiers sont présentés surtout au chapitre IV, ainsi que les comptes de patrimoine et les deux derniers comptes d'accumulation. Les autres comptes vont l'être maintenant à propos des sociétés puis des autres SI, mais quelques conventions comptables doivent être d'abord précisées.

Conventions comptables

La construction des comptes nécessite la mise en place d'un cadre comptable précis et détaillé. Dans l'encadré, les principales opérations sont listées avec leurs codes, dont les détails sont disponibles sur le site des comptes nationaux sur Insee.fr.

Mais il ne suffit pas de coder les opérations, il faut aussi préciser la définition de la période comptable, les moments d'enregistrement des opérations et les montants enregistrés.

Période comptable

Pour les comptes annuels, il s'agit de l'année civile, du 1er janvier au 31 décembre. Cela semble évident, mais c'est une contrainte vis-à-vis de certaines sources statistiques : par exemple, de plus en plus de grandes entreprises agissant à l'international présentent leur comptabilité sur la période 1er avril-31 mars, ce qui nécessite des corrections délicates.

Moments d'enregistrement

Pour attribuer correctement une opération à une période donnée, il y a en théorie trois possibilités, parfois confondues dans le temps :

— le fait générateur : quand l'opération a-t-elle eu lieu ?

— les droits constatés : quand a-t-elle été enregistrée dans les sources statistiques ?

— le paiement : quand a-t-elle été réglée financièrement ?

Pour bien apprécier ces différences, le plus simple est de prendre quelques exemples.

Exemple 1 : l'impôt direct sur le revenu des particuliers (IRPP en France) :

— le fait générateur : les revenus perçus l'année n ;

— les droits constatés : la feuille d'impôt reçue du percepteur en mai n + 1, à la suite de la déclaration d'impôts envoyée en mars ;

— le paiement : le chèque au percepteur en avril (si paiement en trois tiers) en n + 1.

Dans les comptes français, puisqu'il n'y a pas de prélèvement à la source, on garde le décalage d'un an, mais ce n'est pas le cas des pays qui ont un prélèvement à la source l'année n sur les revenus de l'année n.

Opérations et codes

Opérations sur biens et services : production et utilisation par produits et branches (code P comme « production »)

P1 : Production
P2 : Consommation intermédiaire
P3 : Dépense de consommation finale
P4 : Consommation finale effective
P5 : Formation brute de capital
P6 : Exportation de biens et services
P7 : Importation de biens et services

Opérations de répartition : répartition de la valeur ajoutée et redistribution du revenu par secteurs et branches (code D, initiale du mot anglais *distribution*, qui signifie « répartition »)

D1 : Rémunérations des salariés
D2 : Impôts sur production et imports
D3 : Subventions
D4 : Revenus de la propriété
D5 : Impôts courants sur revenu et patrimoine
D6 : Cotisations et prestations sociales
D7 : Autres transferts courants
D8 : Ajustement pour fonds de pension
D9 : Transferts en capital

Opérations financières : variations et stocks des actifs et passifs financiers (code F comme « finances »)

F1 : Or monétaire et DTS
F2 : Monnaie et dépôts
F3 : Titres autres qu'actions
F4 : Prêts
F5 : Actions et autres participations
F6 : Provisions techniques d'assurance
F7 : Autres comptes à recevoir/à payer

Exemple 2 : les remboursements de l'assurance maladie :

— le fait générateur : maladie en janvier ;

— les droits constatés : la feuille de la Sécurité sociale (médecin + pharmacien) en janvier ;

— le paiement : remboursement de la Sécurité sociale en mars.

Dans les comptes, on décale la série mensuelle des remboursements de deux mois (mars est reporté en janvier, date de la maladie).

Exemple 3 : les intérêts sur un livret A :
— le fait générateur : les intérêts courus pendant l'année ;
— les droits constatés : les intérêts échus au 31 décembre ;
— le paiement : les intérêts sont ajoutés à mon livret le 3 janvier.
Dans les comptes, on retient les intérêts courus.

Depuis le SEC 95, le principe général est l'enregistrement selon les droits constatés, comme dans la comptabilité d'entreprise. Auparavant, dans les comptes français, on retenait le paiement, aussi appelé la base caisse, comme dans les comptes des administrations publiques, qui ont donc dû établir aussi des comptes en droits constatés pour les comptes selon le SEC 95.

Montants dus

Les opérations sont enregistrées pour le montant dû, qu'il soit ou non effectivement payé. Par exemple, on enregistre les impôts et les cotisations sociales dus. La différence avec les impôts et cotisations sociales reçus par les percepteurs et les caisses de Sécurité sociale est enregistrée en transferts en capital aux mauvais payeurs : les administrations concernées font un cadeau aux fraudeurs et aux entreprises en faillite, opération enregistrée dans la nomenclature budgétaire sous le nom « admission en non-valeur ».

De même, on enregistre les intérêts courus, c'est-à-dire dus, et non pas les intérêts échus ou payés. Sinon, il n'y aurait pas d'intérêt sur les livrets A pour les trois premiers trimestres !

Partie double/partie quadruple

Le principe de l'écriture en partie double, traditionnel en comptabilité [Capron, 1993], repose sur des écritures symétriques (emplois à gauche, ressources à droite) qui permettent de présenter à tout moment une situation équilibrée pour chaque agent. Le tableau 12 montre ce que l'on obtient si un employeur S11 verse un salaire D1 de 100 à un employé S14B.

Le salaire est un emploi pour l'employeur et une ressource pour l'employé. Sur la ligne « solde » (R – E), la somme des soldes ressources moins emplois est nulle. Ceci est général : une opération qui augmente le solde du compte non financier d'un agent (les salaires reçus par les ménages augmentent leur capacité de financement) modifie en sens contraire le solde du compte non financier d'un autre (les salaires versés par les sociétés accroissent leur besoin de financement) ; cela est

Tableau 12. **Exemple d'enregistrement en partie double**

Paiement d'un salaire D1 par un employeur S11 à un employé S14B			
Emplois S11	**Ressources**	**Emplois S14B**	**Ressources**
D1 = + 100			D1 = + 100
Solde R – E	– 100		+ 100

logique puisque l'opération qui est ressource pour l'un est nécessairement emploi pour l'autre.

Le versement du salaire se traduit par une contrepartie financière : diminution du stock de monnaie F2 détenu par l'employeur et accroissement du stock de monnaie détenu par l'employé ; c'est la partie comptes financiers. L'enregistrement complet de l'opération, qui est dit enregistrement en partie quadruple, est donc celui présenté dans le tableau 12 *bis*.

Tableau 12 *bis*. **Exemple d'enregistrement en partie quadruple**

Paiement d'un salaire D1 par un employeur S11 à un employé S14B			
Emplois S11	**Ressources**	**Emplois S14B**	**Ressources**
D1 = + 100			D1 = + 100
F2 = – 100		F2 = + 100	
Total = 0	0	+ 100	+ 100

On constate sur ce tableau que, pour chaque agent, les totaux des comptes non financiers + comptes financiers sont équilibrés en emplois/ressources : 0 pour S11, + 100 pour S14B.

En pratique, ce système de partie quadruple par opération n'est guère praticable. Dans la réalité statistique, les quatre montants de 100 du tableau précédent, qui justifient le terme de partie quadruple, proviennent de plusieurs sources différentes et globales. Par exemple, on ne sait en général pas si la contrepartie d'un achat est un paiement par chèque ou un crédit. Plus fondamentalement, les comptes nationaux ne sont pas obtenus par agrégation de comptabilités individuelles. Répétons-le : *la CN n'est pas une comptabilité, mais la présentation d'informations d'origines très diverses dans un cadre comptable équilibré.*

Cette présentation laisse intacts les équilibres comptables *constatés* à la fin de la période : équilibre global des comptes d'un agent, égalité des soldes de ses comptes non financier et financier, égalité de la somme des capacités et de la somme des besoins de financement de l'ensemble des agents, égalité pour chaque opération des ressources et des emplois (les salaires reçus sont égaux aux salaires versés) ou des flux nets de créances et des flux nets de dettes (la somme des prêts égale la somme des emprunts).

Les opérations de répartition

Les opérations de répartition décrivent le partage de la valeur ajoutée et la redistribution du revenu par secteurs et branches. Elles sont divisées en neuf catégories.

D1. Rémunérations des salariés

La CN présente un partage primaire de la valeur ajoutée entre revenus du capital et revenus du travail, ce dernier incluant toutes les cotisations sociales (voir encadré), mais en distinguant :

— D11 : les salaires et traitements bruts, c'est-à-dire salaires nets et cotisations sociales des salariés ;

— D12 : les cotisations sociales des employeurs.

D2. Impôts sur la production et les importations

D21 : les impôts sur les produits étaient autrefois appelés impôts indirects car ils sont inclus dans la valeur des produits achetés. Ils sont calculés en fonction de la valeur ou de la quantité des produits. Les principaux sont la taxe sur la valeur ajoutée (TVA), la taxe intérieure sur les produits pétroliers TIPP, les droits d'enregistrement, les taxes sur le tabac et l'alcool, les taxes sur les conventions d'assurance.

D29 : les autres impôts sur la production sont assis sur les moyens de production et regroupent la taxe professionnelle (ou son substitut, la contribution économique territoriale), les impôts sur le foncier bâti et non bâti payés par les entreprises, les impôts sur les salaires et la main-d'œuvre.

D3. Subventions

Elles sont partagées comme les impôts D2 :

— D31 : les subventions sur les produits, principalement les transports terrestres, l'agriculture et les énergies renouvelables (éolien, solaire) ;

Le circuit des cotisations sociales

Il existe des cotisations sociales (CS) à la charge des employeurs et des CS à la charge des salariés, mais versées par les employeurs au nom des salariés ; elles ne font pas partie du salaire effectivement viré sur le compte bancaire du salarié. La CN fait comme si toutes ces CS *effectives* étaient d'abord versées aux salariés, lesquels les reversaient ensuite aux organismes de Sécurité sociale. Ces CS effectives sont donc comptées dans la rémunération des salariés (emplois du compte d'exploitation des SI employeurs, ressources du compte d'affectation des ménages). Elles sont « versées » par les ménages (emplois du compte de distribution, dans lesquels apparaissent également des CS versées par les ménages non salariés). Pour le compte des salariés, l'opération est donc neutre : les CS sont à la fois en ressources (dans la rémunération des salariés) et en emplois du compte de distribution. Ce traitement présente l'avantage de faire apparaître le coût total du travail pour les employeurs et le salaire total reçu par les salariés (une partie de ce salaire est indirecte puisque les salariés, grâce aux CS, acquièrent des droits à recevoir des prestations aujourd'hui ou plus tard).

La compétitivité des entreprises est liée au coût salarial par unité produite qui résulte du rapport de ce coût total du travail à la productivité des salariés et ne dépend pas du poids des « charges sociales » invoqué en boucle par un Medef obsessionnel. Les comparaisons internationales montrent que la part des salaires dans la valeur ajoutée est indépendante de l'ampleur des cotisations sociales [Piketty, 2008].

Certains employeurs (notamment l'État) versent *directement* à leurs salariés ou anciens salariés des prestations sociales sans que ceux-ci aient préalablement cotisé (supplément familial de traitement des fonctionnaires, complément de revenu en cas d'arrêt maladie...). La CN décide de faire comme si ces prestations étaient la contrepartie de

— D39 : les autres subventions sur la production, notamment sur les emplois aidés et la formation professionnelle, et les bonifications d'intérêts.

D4. Revenus de la propriété

D41 : les intérêts ; il s'agit plus précisément des intérêts courus hors SIFIM (voir p. 22) sur dépôts, crédits, bons et obligations.

D42 : les revenus distribués des sociétés, essentiellement les dividendes, mais aussi les revenus distribués par les petites sociétés soumises à l'impôt sur le revenu de leur dirigeant.

D43 : les bénéfices réinvestis d'investissements directs étrangers (IDE) (voir encadré p. 64).

CS *fictives* versées par les salariés (aux employeurs) grâce à des sommes (évidemment fictives) que les employeurs auraient versées aux salariés. On appelle ces CS fictives *cotisations sociales imputées*. Tout se passe comme si les employeurs géraient un système de Sécurité sociale versant des prestations financées par ces CS. L'enchaînement des écritures est alors le suivant : les employeurs versent des prestations sociales (emplois du compte de distribution des employeurs) aux salariés (ressources du compte de distribution des ménages) grâce à des CS fictives versées par les salariés (emplois du compte de distribution des ménages) aux employeurs (ressources du compte de distribution de ceux-ci) ; cela est possible parce que les salariés ont reçu un supplément fictif de « rémunération des salariés » (ressources du compte d'affectation des ménages) de la part des employeurs (emplois du compte d'exploitation des employeurs). Cette convention présente l'avantage d'inclure dans la rémunération des salariés des sommes qui font finalement bien partie du coût du travail pour les employeurs et du revenu du travail pour les ménages.

Dans l'interprétation des données, on se gardera de confondre la *rémunération des salariés* (A), les *salaires bruts* (B = A moins les CS imputées et les CS effectives à la charge des employeurs) qui apparaissent généralement au début des feuilles de paie, et les *salaires nets* (C = B moins les CS effectives à la charge des salariés) qui correspondent aux flux monétaires effectivement reçus par les salariés (hors retenues pour CSG, mutuelles...). En 2010, B et C représentent respectivement 73,5 % et 63,5 % de A (les CS imputées font 5,0 % de A). Comme A, B et C n'évoluent pas nécessairement de la même façon, bien des polémiques sont possibles à propos de l'évolution des revenus salariaux, d'autant plus que l'expansion de la CSG ne simplifie pas l'interprétation des résultats.

D44 : les revenus de la propriété attribués aux assurés. Lorsqu'une société d'assurance vie perçoit une prime, celle-ci constitue une partie du capital qui s'accumule peu à peu dans le compte de l'assuré et qu'elle devra lui verser à l'échéance du contrat. Mais, avant cette date, ce capital est placé par la société au nom de l'assuré et le revenu de ces placements appartient aussi à l'assuré et s'ajoute à son capital.

D45 : les revenus des terrains et gisements, qui sont des rentes dans le vocabulaire de l'économie politique classique car ils proviennent d'actifs non produits.

Les investissements directs étrangers (IDE)

Il y a investissement direct étranger lorsqu'un achat d'actions conduit à contrôler plus de 10 % du capital social d'une entreprise étrangère. Il y a donc des IDE de la France vers le reste du monde (RDM), et des IDE du RDM vers la France.

Envisageons les IDE de la France dans le RDM (le traitement des revenus engendrés par les IDE du RDM en France est symétrique). Ces IDE s'accumulent et leur stock est à l'origine de revenus versés à l'investisseur, notamment sous la forme de dividendes (ces revenus sont inclus dans les 30,6 de « revenus distribués des sociétés » qui apparaissent en emplois du RDM et dans les 150,0 et 56,8 qui sont sur la même ligne des ressources des SI investisseurs, à savoir les SNF et les SF). Mais une partie des bénéfices des sociétés n'est pas distribuée. La CN fait comme si ces bénéfices non distribués étaient tout de même versés à l'investisseur et comme si celui-ci les réinvestissait immédiatement. On constate effectivement dans le TEE que le RDM verse (c'est un emploi pour lui) 23,6 de « bénéfices réinvestis d'investissements directs étrangers » ; 14,4 sont reçus par les SNF et 9,1 par les SF (ce sont pour elles des ressources). Le fait que SNF et SF les réinvestissent immédiatement est pris en compte dans la ligne « actions » du compte financier.

L'intérêt d'un tel traitement est de mieux décrire l'évolution réelle du revenu des sociétés en France et de l'accroissement de leurs actifs financiers, et on peut penser que, compte tenu de la croissance vertigineuse des flux d'IDE, les bénéfices réinvestis sont certainement appelés à devenir sensiblement plus importants. D'ailleurs, cette ligne est une innovation du SCN 93 à la demande du FMI qui l'avait déjà introduite dans la balance des paiements.

D5. Impôts courants sur le revenu et le patrimoine

D51 : les impôts sur le revenu comprennent l'impôt sur les sociétés et les impôts directs payés par les ménages, c'est-à-dire l'impôt sur le revenu des personnes physiques (IRPP), la contribution sociale généralisée (CSG), la contribution au remboursement de la dette sociale (CRDS).

D59 : les autres impôts courants, c'est-à-dire les impôts locaux payés par les ménages dont la taxe d'habitation, et l'impôt de solidarité sur la fortune (ISF).

D6. Cotisations et prestations sociales

D61 : les cotisations sociales, distinguées en CS effectives des salariés, des employeurs et des non-salariés, et CS imputées des employeurs pour leurs propres salariés.

D62 : les prestations sociales en espèces, c'est-à-dire les prestations qui sont un substitut de revenu : retraites, allocations familiales, indemnités de chômage ou de maladie et de maternité, auxquelles il faut ajouter les prestations de l'assistance sociale qui est sans contrepartie en termes de cotisations (le RMI-RSA, par exemple).

D63 : les transferts sociaux en nature comprennent les prestations sociales en nature, notamment les remboursements de Sécurité sociale, et les transferts de biens et services individuels non marchands (dépenses collectives des administrations publiques en éducation, santé, action sociale).

D7. Autres transferts courants

D71 : les primes nettes d'assurance dommage, c'est-à-dire les primes brutes versées par les assurés diminuées de la production de service d'assurance (voir p. 21) et des revenus des placements attribués aux assurés.

D72 : les indemnités d'assurance dommage versées par les sociétés d'assurance dommages.

D73 : les transferts courants entre administrations publiques, c'est-à-dire dotation globale de fonctionnement de l'État aux collectivités locales, financement des hôpitaux publics par les régimes de Sécurité sociale, transferts de recettes fiscales (les impôts locaux sont perçus par les services fiscaux de l'État, et versés à l'avance aux collectivités locales). Mais les aides à l'investissement de l'État aux collectivités locales sont enregistrées en D92 (voir ci-dessous).

D74 : la coopération internationale courante couvre tous les transferts, autres qu'impôts et subventions, entre administrations publiques résidentes et non résidentes (par exemple, salaires des coopérants).

D75 : les transferts courants divers comprennent principalement les transferts aux ISBL (subventions des APU, dons des ménages), les transferts entre ménages résidents et non résidents, les amendes et pénalités et la « quatrième ressource » D755 qui est versée au budget de l'Union européenne. Elle est calculée comme la différence entre le montant total à verser (1,27 % du RNB de chaque pays membre) et les trois impôts versés directement (droits de douane, TVA communautaire et divers impôts sur les produits).

D8. Ajustement pour variation des droits des ménages sur les fonds de pension

Ce poste n'existe pas dans les comptes français actuels car on estime qu'il n'y a pas de fonds de pension.

D9. Transferts en capital

D91 : les impôts en capital, en général uniquement les droits de succession payés par les ménages, et parfois des prélèvements exceptionnels sur le capital.

D92 : les aides à l'investissement comprennent, outre celles aux sociétés privées, les apports en capital aux sociétés publiques, les aides à l'investissement en logement des ménages.

D99 : les autres transferts en capital, essentiellement les transferts en capital de l'État aux ODAC, et les « impôts et cotisations dus non recouvrables » D995 qui sont l'écart entre les montants dus enregistrés selon le principe des droits constatés et les montants effectivement reçus par les administrations concernées.

La séquence des comptes courants

Ce qui précède a montré l'intérêt de la distinction entre le compte financier, qui retrace les seules opérations financières, et le compte non financier où s'inscrivent les autres. Ces dernières sont très hétérogènes ; les laisser toutes dans le même compte ne serait guère utile à l'analyse.

On éclate donc le compte non financier en plusieurs comptes dont chacun regroupe (en théorie) des opérations de même nature ou remplissant la même fonction. Le découpage de ces comptes est choisi de sorte que la différence entre les ressources et les emplois de chacun d'entre eux fasse apparaître un solde significatif pour l'analyse économique. Chaque solde peut être présenté brut ou net de la consommation de capital fixe (CCF), équivalent en CN des amortissements (voir p. 115). De plus, les comptes sont ordonnés de façon à ce que chaque solde calculé en emplois d'un compte apparaisse en ressources du compte suivant.

Pour mémoriser la séquence des comptes, il est possible de penser à PERRUC. Les comptes de production (P), d'exploitation (E), d'affectation des revenus primaires (premier R) et de distribution secondaire du revenu (second R) montrent comment se constitue le revenu disponible des secteurs. Le compte d'utilisation du revenu (U) et le compte de capital (C) montrent comment ce revenu est utilisé.

La séquence des comptes de la valeur ajoutée à la capacité de financement est présentée dans le tableau 13. La définition et le contenu de ces comptes seront précisés au fur et à mesure de la présentation des comptes des différents SI, en remarquant que tous les SI n'ont pas

Tableau 13. **La séquence des comptes de secteurs : de la valeur ajoutée à la capacité de financement**

Emplois	Ressources
Compte de production	
Consommation intermédiaire P2 **Valeur ajoutée brute/nette B1**	Production P1
Compte d'exploitation	
Rémunération des salariés D1 Autres impôts liés à la production D29 – Subventions d'exploitation D39 **Excédent brut/net d'exploitation B2/ Revenu mixte brut/net B3**	**Valeur ajoutée brute/nette B1**
Compte d'affectation des revenus primaires	
Revenus de la propriété D4 **Solde brut/net des revenus primaires B5**	**Excédent brut/net d'exploitation B2/ Revenu mixte brut/net B3** Rémunération des salariés D1 Impôts sur production et importations D2 – Subventions D3 Revenus de la propriété D4
Compte de distribution secondaire du revenu	
Impôts courants sur rev. et patr. D5 Cotisations sociales D61 Prestations sociales en espèces D62 Autres transferts courants D7 **Revenu disponible brut/net B6**	**Solde brut/net des revenus primaires B5** Impôts courants sur rev. et patr. D5 Cotisations sociales D61 Prestations sociales en espèces D62 Autres transferts courants D7
Compte d'utilisation du revenu disponible	
Dépense de consommation finale P3 **Épargne brute/nette B8**	**Revenu disponible brut/net B6**
Compte de capital	
Formation brute de capital fixe P51 – Consommation de capital fixe K1 si Épargne nette, rien si Épargne brute Variation des stocks P52 Acquisitions nettes d'objets de valeur P53 Acquisitions nettes d'actifs non financiers non produits K2 **Capacité (+) / Besoin (–) de financement B9A**	**Épargne brute/nette B8** Transferts en capital reçus D9 – Transferts en capital versés D9

toutes les opérations (par exemple, seules les administrations reçoivent des impôts, les sociétés ne reçoivent pas de salaires).

Les sociétés non financières

Le SI des SNF regroupe des unités institutionnelles dont la fonction principale est de produire des biens et services non financiers marchands, c'est-à-dire dont le prix est économiquement significatif. Si le prix de vente couvre moins de 50 % des coûts de P, l'unité est classée dans le SI des administrations publiques (APU).

Le secteur comprend surtout des entités qui ont une personnalité juridique propre, mais leurs statuts peuvent être très différents : société anonyme, société coopérative, établissement public à caractère industriel et commercial, association (notamment toutes les associations sans but lucratif qui produisent des services pour les entreprises : centres interprofessionnels, ordre des architectes...), etc. Les SNF comprennent aussi des quasi-sociétés, c'est-à-dire des unités qui n'ont pas de personnalité juridique propre, mais disposent d'une comptabilité séparée. Parmi ces quasi-sociétés figurent, par exemple, des succursales, bureaux de vente, chantiers durant plus d'un an, des sociétés dont le siège est à l'étranger (ces quasi-sociétés sont considérées comme des unités résidentes fictives), mais aussi des unités qui sont juridiquement des morceaux d'administrations (leur personnalité juridique est celle de l'État), comme la Régie des alcools.

En revanche, les SNF ne comprennent pas les entreprises individuelles, c'est-à-dire celles dont la personnalité juridique n'est pas distincte de celle de l'entrepreneur (ces entreprises peuvent employer plusieurs salariés). Parce qu'on ne peut pas distinguer entre le patrimoine de l'entreprise et celui du ménage dont fait partie l'entrepreneur, on rattache ces entreprises individuelles au SI des ménages.

L'ancienne CN française distinguait à l'intérieur des sociétés un sous-secteur qui regroupait les huit « grandes entreprises nationales » (GEN), c'est-à-dire celles qui étaient contrôlées par l'État et avaient une position de monopole dans un domaine considéré comme stratégique (charbonnages, EDF, GDF, SNCF, Air France, Air Inter, RATP et PTT). Les privatisations et les évolutions des statuts et des règles de la concurrence en Europe ont réduit l'intérêt de cette distinction. Le nouveau système propose une subdivision des SNF en trois sous-secteurs selon la nature du contrôle exercé (dans les sociétés par actions, le contrôle est notamment défini par la détention de plus de la moitié des droits de vote) : *SNF publiques* (contrôlées par une APU), *SNF privées nationales* (contrôlées ni par une APU ni par une unité non résidente) et les *SNF sous contrôle étranger* (contrôlées par une unité institutionnelle non résidente). Des travaux sont en cours à l'Insee pour mettre en œuvre cette intéressante distinction.

Une seconde subdivision des SNF, plus traditionnelle, les classe en fonction de leur activité principale. Les économistes opposent la notion de branche et celle de secteur d'activité. Une société ne peut appartenir qu'à un seul secteur, celui de son activité principale (celle dont la VA est la plus importante dans celle de l'unité), mais elle fait souvent partie de plusieurs branches parce qu'il est rare qu'elle ne produise qu'un seul produit (ainsi une firme peut être classée dans le secteur automobile et — après découpage — dans les branches automobiles, biens d'équipement professionnel, construction, etc.). Les données par branche se prêtent aux études sur les marchés de produits ou aux analyses *input-output* (TES, voir p. 48) ; elles couvrent l'ensemble des unités productives du pays et pas seulement les SNF. Les données par secteur (par sous-secteur d'activité, dit la CN pour éviter la confusion avec la notion de secteur institutionnel) facilitent les études de comportement en matière d'investissement, de financement, de politique salariale, etc. ; elles ne couvrent que les SNF.

La formation du revenu des SNF

Le premier des comptes courants des SNF est le *compte de production* (voir les comptes des SNF p. 70). Leurs seules ressources (à droite du compte) sont ce qu'elles ont produit : production marchande et production pour emploi final propre (PEFP, voir p. 22). Cette P de 2 381,2 est évaluée au prix de base (donc hors impôts sur les produits mais avec les autres impôts sur la production, et avec les subventions sur les produits mais pas les subventions d'exploitation ; si cette parenthèse ne vous semble pas évidente, retournez p. 33). Pour produire, les SNF ont employé (absorbé) 1 435,1 de CI diverses. Leur apport à l'économie est donc la différence, c'est-à-dire le solde du compte (différence entre les ressources et les emplois qu'on écrit du côté des emplois pour équilibrer le compte). Ce solde est la valeur ajoutée brute (les soldes sont aussi publiés nets, voir p. 40). La VA est le bon indicateur de l'activité des SNF, contrairement au chiffre d'affaires (somme des ventes) qui est un critère souvent mis en avant dans la presse ou par les managers (à chiffre d'affaires identique, deux sociétés peuvent avoir des CI très différentes). Le TES (p. 49) montre que le poids de la VA dans la P

Tableau 14. **Les sociétés non financières en 2010**
(en milliards d'euros)

Emplois		Ressources	
Compte de production			
Consommation	1 435,1	Production marchande	2 381,2
Valeur ajoutée brute	973,0	P pour emploi final propre	26,9
Compte d'exploitation			
Rémunération des salariés	649,6	Valeur ajoutée brute	973,0
Autres impôts sur la P	49,0		
Subventions d'exploitation	– 19,2		
Excédent brut d'exploitation	293,6		
Compte d'affectation des revenus primaires			
Intérêts	74,0	Excédent brut d'exploitation	293,6
Revenus distribués des sociétés	234,8	Intérêts	53,7
Autres revenus de la propriété	9,0	Revenus distribués des sociétés	150,0
Solde des revenus primaires	194,2	Autres revenus de la propriété	14,7
Compte de distribution secondaire du revenu			
Impôts sur le revenu	26,4	Solde des revenus primaires	194,2
Prestations sociales	11,4	Cotisations sociales	11,6
Autres transferts courants	36,2	Autres transferts courants	11,3
Revenu disponible brut	143,1		
Compte d'utilisation du revenu			
Épargne brute	143,1	Revenu disponible brut	143,1
Variation des actifs		**Variation des passifs**	
Compte de capital			
FBCF	181,8	Épargne brute	143,1
Variation des stocks	0,1		
Acq. moins cess. d'ANFNP	0,8	Autres transf. en cap. reçus	15,9
Besoin de financement	– 25,4	Autres transf. en cap. versés	– 1,7
Compte financier			
Variation des créances	119,4	Variation des dettes	144,0
		Solde financier	– 24,5

(notion proche du chiffre d'affaires) est en 2010 de 25 % dans l'industrie, de 41 % dans la construction et de 56 % dans les services marchands.

La VA est une ressource pour les SNF. Elle leur permet de distribuer des revenus et, si elles parviennent à en conserver, d'augmenter leur richesse.

Le compte suivant reprend donc la VA du côté droit (remarque : comme on a ajouté la VA du côté gauche dans le compte précédent, le fait de l'ajouter du côté droit dans le compte suivant permet de rétablir l'équilibre entre les deux côtés des comptes ; les soldes suivants seront pareillement l'objet d'un tel *report*). Dans ce *compte d'exploitation* sont retracées toutes les charges *directement* liées à l'obtention de la VA : 649,6 de *rémunération des salariés* (ce que coûtent au total les salariés, détails p. 62) et, compte tenu de la définition du prix de base, 49,0 pour les *autres impôts sur la production*. Les impôts sur les produits ont déjà été retirés pour calculer la production au prix de base (voir encadré p. 33). On lit aussi du côté des emplois « – 19,2 » en *subventions d'exploitation* (les subventions sur les produits font partie du prix de base) ; il s'agit naturellement d'une ressource (on devrait donc l'écrire à droite avec le signe plus), mais la CN préfère l'écrire comme une diminution de charge (un emploi négatif...) pour que la VA apparaisse comme la seule ressource du compte. La CN est une représentation de l'économie nationale, avons-nous écrit dans l'introduction de ce livre ; on constate ici que c'est aussi au sens de mise en scène... Le solde du compte d'exploitation (293,6) s'appelle tout simplement l'excédent brut d'exploitation (EBE). C'est un indicateur du profit (brut) obtenu par les SNF dans leur activité de production.

L'EBE est le principal revenu primaire reçu par les SNF ; ce n'est pas le seul. Les revenus primaires d'un agent économique sont ceux dont il dispose du fait de sa participation directe à la production et des revenus de la propriété qu'il perçoit. Ils sont dits primaires parce qu'ils sont définis avant tout prélèvement fiscal direct et/ou social (social si l'agent est un ménage : cotisations sociales) et toute redistribution. Le *compte d'affectation des revenus primaires* décrit comment se constitue précisément le revenu primaire des SNF. Les *revenus de la propriété* sont ceux qui sont versés aux propriétaires d'actifs financiers (dividendes pour les actions, intérêts pour les prêts...) et d'*actifs corporels non produits* (les loyers des terrains, mais pas ceux des logements — actifs corporels produits — qui sont considérés comme le paiement d'un service et ne figurent donc pas parmi les revenus de la propriété mais dans la valeur de la production). Ces revenus de la propriété peuvent être aussi bien des ressources que des emplois des SNF ; elles peuvent en effet à la fois recevoir des revenus distribués des sociétés (dividendes pour les actions qu'elles possèdent, etc.) et en verser, notamment à leurs propres actionnaires ; elles peuvent recevoir des intérêts (53,7) parce qu'elles ont prêté à d'autres et verser des intérêts (74,0) à leurs créanciers. Ces flux ne sont pas tous faciles à interpréter parce que les mêmes dividendes (ou les mêmes intérêts) peuvent figurer des deux côtés (on dit que les comptes ne sont pas *consolidés*) : si, par exemple, une filiale F verse 5 millions d'euros de dividendes à sa maison mère H, les 5 millions figureront des deux côtés du compte d'affectation ; ils pourraient même figurer deux fois à gauche si H profite de ces dividendes reçus pour augmenter du même montant ceux qu'elle distribue à ses propres actionnaires. Pour cette raison, il peut être plus pertinent de constater *après consolidation* que les SNF ont versé 20,3 d'intérêts (74,0-53,7) et 84,8 (234,8-150,0) de revenus distribués (nous ne donnons pas le détail de plusieurs postes que nous regroupons sous l'appellation « autres revenus » ; on y trouve notamment les « bénéfices réinvestis d'investissements directs étrangers » présentés p. 64). Le *solde des revenus primaires bruts* (SRPB) permet de prendre la mesure de ce que finalement les SNF parviennent à obtenir comme revenus primaires (rappelons que tous les soldes peuvent être présentés nets). Les SNF parviendront-elles à conserver tout leur SRPB ? Le compte suivant met fin à ce suspense insoutenable.

Le *compte de distribution secondaire du revenu* (et non de distribution du revenu secondaire) permet de constater que ce sont surtout les impôts sur le revenu (impôts sur les bénéfices...) qui expliquent que le revenu disponible est inférieur au SRPB. Le compte fait aussi apparaître d'autres opérations qui augmentent à peine plus les emplois que les ressources : cotisations et prestations sociales dont la surprenante présence a été expliquée (p. 62) ; autres transferts courants qui regroupent des écritures liées à des opérations d'assurance, des paiements d'amendes, des dons, etc. dont le détail importe peu ici. Le solde du compte est le *revenu disponible brut* (RDB). Ce revenu est disponible parce que c'est ce qui reste aux SNF lorsqu'elles ont respecté leurs engagements ou leurs obligations à l'égard des salariés, de l'État, des actionnaires, etc. Le *compte d'utilisation du revenu* constate que tout ce revenu est nécessairement une *épargne* (ce compte est là pour mémoire, parce que tous les secteurs ont les mêmes comptes ; il ne « fonctionne » réellement que pour les SI qui peuvent avoir une dépense de consommation finale : ménages, APU et ISBL). Ainsi s'achèvent les comptes courants.

L'accumulation de richesse par les SNF

Les comptes courants ont mis en évidence que les SNF ont réussi à recevoir plus de ressources qu'elles n'ont cédé d'emplois. La différence entre ces flux est un flux — l'épargne — qu'elles vont pouvoir utiliser pour augmenter leurs stocks d'actifs plus que leurs stocks de passifs, c'est-à-dire faire varier cette différence que la CN appelle la *valeur nette* (ce raisonnement n'est tout à fait valable que si l'épargne considérée est nette puisque la CCF n'est que la contrepartie d'une usure). Les *comptes d'accumulation* décrivent les flux qui accompagnent cette accumulation de richesse ; ils distinguent selon qu'il s'agit de richesse financière (compte financier) ou non financière (compte de capital). Dans ces comptes, il est moins intéressant de savoir si un flux est une ressource ou un emploi que s'il augmente ou diminue les passifs ou les actifs ; on décide donc d'écrire les comptes d'accumulation en variation de passifs et d'actifs (voir explication détaillée pour les actifs et passifs financiers p. 106).

Du côté de la variation des passifs (VDP), le *compte de capital* fait apparaître l'origine des ressources disponibles pour acquérir des actifs : EB et transferts en capital.

Les *transferts en capital* recouvrent des *aides à l'investissement* (subventions de la FBCF par les administrations) et d'*autres transferts en capital* (remise de dettes...) qui peuvent être reçus (signe plus) ou versés par les SNF (signe moins).

Les acquisitions d'actifs non financiers par les SNF pendant l'année figurent à gauche du compte en variation d'actifs (VDA) : FBCF (si l'épargne nette figure à droite du compte, et non l'EB, on déduit la CCF du côté gauche) dont on a vu p. 26 qu'elle ne recouvre pas seulement des actifs corporels produits (investissement matériel), variation des stocks éventuellement négative (on fait donc comme si les SNF avaient acheté une partie de leur propre production, la contrepartie de cet achat étant dans la valeur de la production marchande dans le compte de production). Figurent enfin les *acquisitions moins les cessions d'actifs non financiers non produits*, comme les terrains, les brevets...

Si le solde du compte de capital — toujours écrit à gauche — est positif, c'est que les acquisitions d'actifs non financiers n'ont pas épuisé ce dont disposaient les SNF pour accumuler de la richesse. Elles vont pouvoir acquérir aussi de la richesse financière. On appelle donc ce solde la *capacité de financement*. Si le solde est négatif, la capacité de financement négative exprime un *besoin de financement* ; les SNF vont alors devoir réduire leur richesse financière, par exemple en augmentant plus leurs dettes que leurs créances. Tous les comptes présentés jusqu'à maintenant ne comprenaient que des opérations non financières, la capacité de financement est donc à la fois le solde du compte de capital et celui de l'ensemble des comptes non financiers.

Le dernier compte d'accumulation est le *compte financier* (comme c'est le dernier des comptes de flux, son solde ne peut pas être reporté dans un autre compte, comme ceux des comptes précédents). Il retrace tous les flux financiers de l'année qui font varier les actifs financiers (créances) ou les passifs financiers (dettes), c'est-à-dire toutes les opérations financières (voir chapitre IV). Comme les SNF ont un besoin de financement de 25,4 en 2010 (capacité de financement de – 25,4), il faut qu'elles s'endettent pour y faire face. La somme des opérations enregistrées à droite du compte financier (variation des passifs financiers, c'est-à-dire des dettes) est supérieure de 24,5 à la somme de celles qui figurent à gauche. On pourrait donc inscrire à gauche un solde de 24,5. On décide d'écrire – 24,5 à droite que l'on qualifie « besoin de financement » en réservant aux soldes positifs le nom « capacité de financement ». Du fait de complications exposées p. 107 (qui expliquent pourquoi ce solde, – 24,5, est différent du solde du compte de capital, 25,4), nous le nommons solde financier.

Les ratios significatifs pour l'analyse des SNF

En rapportant l'une à l'autre quelques opérations des comptes des SNF, on peut construire des ratios utiles pour l'analyse. Dans la mesure où les comptes ont été construits pour faire apparaître des soldes significatifs, il n'est pas étonnant que ceux-ci figurent au numérateur et/ou dénominateur des ratios les plus répandus : taux de marge, d'épargne, d'investissement et d'autofinancement. D'une façon générale, il est capital de s'intéresser à la variation de la VA avant de commenter les évolutions des principaux ratios.

Le *taux de marge* est le rapport de l'EBE des SNF à leur VA. L'EBE est ce qui reste à l'entreprise après paiement des coûts directement liés à la production de la VA ; il est indépendant de l'origine et du mode de rémunération des capitaux mis en œuvre (actions ou emprunts, niveau des taux d'intérêt, politique de distribution de dividendes, etc.). Le taux de marge peut dès lors être considéré comme un indicateur de profit (brut) ; c'est un indicateur de performance économique des SNF si l'on admet que l'aptitude des SNF à verser des salaires élevés (ils diminuent l'EBE) n'est pas une performance ; un point de vue qui est évidemment généralement celui des SNF et que nombre de commentateurs adoptent parce qu'ils assimilent un peu rapidement l'intérêt des SNF à celui de l'économie nationale.

Le *taux d'épargne* des SNF — rapport de leur EB à leur VA — est un indicateur du profit brut retenu (conservé) par les SNF. Il n'évolue pas nécessairement comme le taux de marge ; notamment parce que la part des intérêts versés nets des intérêts reçus par les SNF est susceptible de varier en fonction de l'évolution des taux d'intérêt et de l'endettement.

Le *taux d'investissement* est également un ratio important. Rapport de la FBCF à la VA, il indique quelle proportion de la VA les SNF consacrent à l'effort d'investissement, que ce soit pour accroître leur capital fixe (accumulation) ou pour amortir celui qui s'est usé au cours de la période (puisque la FBCF est brute). Celui qui commente l'évolution du taux d'investissement doit avoir présent à l'esprit que la FBCF correspond encore à une conception étroite de l'investissement (voir p. 26).

Graphique 2. **Principaux ratios des sociétés non financières**

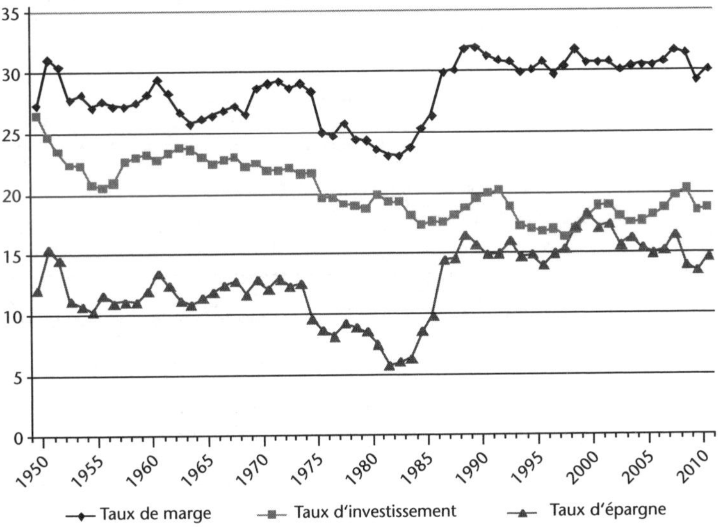

Sur le graphique 2, on remarque que le redressement important du taux de marge pendant les années 1980 n'a pas entraîné une hausse du taux d'investissement, mais uniquement du taux d'épargne et donc des placements financiers, notamment des investissements directs étrangers (délocalisations).

Le dernier ratio important est le *taux d'autofinancement*, rapport de l'EB à la FBCF (ou à la FBCF plus la variation des stocks, selon l'objectif de l'analyse). Il indique quelle part de l'investissement est financée à partir des ressources dégagées par l'entreprise (EB). Comme EB/FBCF = (EB/VA) × (VA/FBCF), le taux d'autofinancement peut s'analyser comme le rapport du taux d'épargne au taux d'investissement. L'amélioration du taux d'autofinancement n'est pas toujours la preuve d'une amélioration de la situation des SNF : elle peut traduire par exemple une baisse du taux d'investissement plus forte que celle du taux d'épargne.

Tous les ratios que nous venons d'évoquer ne prennent en considération que des flux. On peut construire d'autres ratios en mettant au dénominateur des stocks (obtenus grâce aux comptes de patrimoine, voir p. 122) : capital brut, actif net, etc. La multiplicité des ratios envisageables indique que la rentabilité et l'accumulation sont des notions dont les mesures sont complexes et dépendent de la perspective adoptée par l'analyste.

Graphique 3. **Part de la rémunération des salariés dans la valeur ajoutée des sociétés non financières**
(en %)

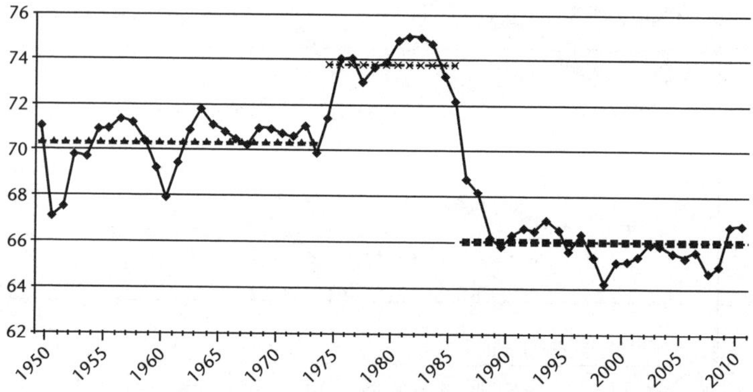

Le graphique 3 présente la part de la rémunération des salariés dans la valeur ajoutée des sociétés non financières, c'est-à-dire le partage primaire entre travail et capital. Son évolution est, ou plutôt devrait être, un élément fondamental du débat public. On peut distinguer trois périodes : 70 % avant 1975, 74 % de 1975 à 1984, et seulement 66 % depuis 1985.

Les ratios bruts ne sont pas nets...

Il est dangereux d'analyser l'évolution de la situation des SNF à partir des seuls ratios précédents, ce que font pourtant la majorité des commentateurs. C'est que les soldes des comptes utilisés dans ces ratios sont bruts ; autrement dit, ils comprennent la consommation de capital fixe des SNF. Celle-ci est obtenue à partir de données incomplètes et d'hypothèses sur les durées de vie des équipements et des bâtiments. Elle est donc un peu problématique. Elle évolue, toutes choses égales par ailleurs, en fonction de l'importance et de la structure de la FBCF au cours des années précédentes, et de la variation des prix de remplacement du capital fixe usé (voir p. 115).

L'intérêt principal des ratios nets (obtenus en retranchant la consommation de capital fixe au numérateur et au dénominateur) est que leurs évolutions sont plus clairement interprétables parce que leurs niveaux eux-mêmes ont une signification économique plus claire contrairement à ceux des ratios bruts. Exemple : la remontée sensible du taux d'épargne brute après 1982 est spectaculaire (10,6 % en 1982, 12,3 % en 1984) ; la situation des SNF s'est incontestablement améliorée. L'observation du taux d'épargne nette permet de nuancer fortement ce premier jugement : certes la situation s'est améliorée, mais le taux d'épargne nette reste négatif jusqu'en 1985 ; autrement dit, les SNF perdent de leur « substance » ; elles ne dégagent pas une épargne suffisante pour couvrir seulement leur consommation de capital fixe ; elles doivent continuer à s'endetter pour remplacer le capital usé.

III / L'approche par les revenus : les autres secteurs institutionnels

Le chapitre précédent a présenté avec un luxe (relatif) de détails techniques l'approche par les revenus dans le cas du secteur des SNF. Comme la logique économique et comptable qui préside à la structure des comptes des autres SI est fondamentalement la même, on insistera surtout sur les particularités du traitement de chaque SI par la CN.

Les ménages (y compris les entreprises individuelles)

L'entreprise individuelle (EI) est une unité économique qui ne possède pas de personnalité juridique distincte de celle de son exploitant (agriculteurs, petits commerçants, artisans, professions libérales…). Il y a donc confusion du patrimoine de l'entreprise et de celui du ménage auquel l'entrepreneur appartient, et il est en outre souvent difficile de distinguer certains flux économiques relatifs à l'entreprise de ceux propres au ménage. Il est d'autant plus légitime d'intégrer les EI au secteur des ménages que les sources statistiques relatives à leurs activités sont souvent d'une médiocre qualité : on évite ainsi de « contaminer » celle des comptes des SNF auxquelles on aurait pu rattacher les EI au prix de quelques conventions comptables (c'est ce que faisait la CN française avant 1976, ce qui avait en outre l'inconvénient de regrouper dans le même secteur des unités qui obéissent à des logiques économiques assez différentes). L'intégration des EI dans le secteur des ménages ne facilite toutefois pas l'interprétation des comptes des ménages.

Le SI des ménages regroupe les unités dont la fonction principale est… la consommation (et la production marchande pour les EI) et dont les ressources principales sont obtenues par la rémunération des facteurs de la production (travail, capital, terre...) et par des transferts effectués par d'autres SI (et par les produits de la vente pour les EI). Les ménages comprennent des « ménages ordinaires » (ensemble des personnes vivant dans un logement séparé ou indépendant) et des « ménages collectifs » (population des maisons de retraite, foyers de travailleurs...).

Le SEC prévoyait de classer chaque ménage en fonction de sa source de revenus la plus importante dans l'un des six sous-secteurs suivants : employeurs (y compris travailleurs indépendants), salariés, bénéficiaires de revenus de la propriété, bénéficiaires de pension, bénéficiaires d'autres revenus de transferts, autres ménages. L'Insee, comme l'ensemble des autres instituts statistiques, a renoncé à établir des comptes selon ces critères, assez éloignés d'ailleurs des catégories socioprofessionnelles [Desrosières et Thévenot, 2002]. Mais nous verrons p. 166 les travaux effectués récemment à l'Insee sur les comptes des ménages par catégories.

La formation du revenu disponible des ménages

Dans le tableau 15 qui présente (p. 82) les comptes des ménages, les données permettent de comprendre comment se forme ce RDB. Pour les interpréter, il ne faut pas oublier que les données sont relatives aux ménages, y compris les EI (entre parenthèses figurent les opérations des EI lorsqu'il est possible de les isoler).

Hors EI, comme on l'a déjà expliqué p. 22, la P des ménages est celle des services de logement (à la fois dans la P marchande et dans la PEFP) et celle des services liés à l'emploi de personnel domestique salarié (PEFP). En emplois du compte d'exploitation, les salaires sont versés par les EI à leurs propres salariés (23,2) et par les ménages à ce personnel domestique (43,8 – 23,2 = 20,6). On peut en déduire que la PEFP correspondante à ces services domestiques est donc de 20,6.

Dans le solde du compte, on distingue de l'EBE un *revenu mixte*. Il s'agit d'un EBE des entrepreneurs individuels, appelé ainsi pour manifester qu'il correspond à deux éléments indissociables : la rémunération du travail non salarié de l'entrepreneur, voire de certains membres de sa famille, et un EBE « normal », c'est-à-dire un profit d'entreprise. En rapportant le revenu mixte des EI (113,4) à leur VA (132,8), on trouve alors un ratio beaucoup plus élevé (85 %) que le taux de marge calculé pour les SNF (30 %), ce qui manifeste bien l'importance de la rémunération du travail non salarié dans le revenu mixte.

Dans le compte d'affectation, on peut signaler 47,7 de *revenus de la propriété attribués aux assurés*. Il s'agit de revenus obtenus par les assureurs grâce aux placements qu'ils effectuent principalement dans le cadre de l'assurance vie. Ces sommes seront réellement récupérées par les assurés au terme de leurs contrats. Dans l'immédiat, on fait comme si on les leur versait (ce qui gonfle leur revenu de l'année et leur capacité de financement) et comme si les ménages les replaçaient immédiatement dans l'assurance vie (ce qui gonfle le poste *provisions techniques d'assurance* de leur compte financier, voir p. 105).

Dans le compte de distribution, même sans les transferts sociaux en nature (explications p. 85), les prestations sociales considérées sont d'un montant impressionnant : elles comprennent des *prestations d'assurance sociale*, c'est-à-dire des retraites, des indemnités de chômage, des allocations familiales, etc., versées à des ménages qui ont acquis des droits grâce à des cotisations sociales préalables ; on y trouve également des *prestations d'assistance sociale en espèces* versées en dehors de tout système de cotisations sociales préalables (RMI-RSA, minimum vieillesse...).

En emplois du compte de distribution, la distinction entre impôts sur le revenu et cotisations sociales est moins marquée depuis l'invention de la CSG (contribution sociale généralisée), impôt prélevé sur pratiquement tous les revenus par l'État au bénéfice de la Sécurité sociale. Le montant de la CSG est devenu nettement supérieur à celui de l'IRPP (impôt sur le revenu des personnes physiques). Un encadré p. 62 aide à comprendre le traitement des cotisations sociales.

Si l'on consolide les comptes d'affectation et de distribution, le RDB des ménages apparaît alors comme la somme de l'EBE et du revenu mixte (273,8), des salaires nets (659,4 = 1 039,2 – [407,1 – 27,3]), des revenus nets de la propriété (125,3 = 31,3 + 66,1 + 47,7 + 2,4 – 20,7 – 1,3) et de prestations sociales (416,2) et dont on retire les impôts sur le revenu et assimilés (163,7) ; il reste à ajouter 8,5 (57,7 – 49,2) pour les autres transferts courants.

Le RDB est donc un revenu après impôts et cotisations sociales ; il est disponible soit pour la consommation, soit pour l'épargne. On peut lui préférer la notion de revenu disponible ajusté (voir p. 84).

Dans le compte de capital, l'EB reportée du compte d'utilisation et quelques transferts en capital (les transferts versés sont les impôts sur les successions et les donations) permettent aux ménages de financer leur FBCF (pour les ménages hors EI, il s'agit exclusivement de logements et de grosses réparations du logement) et la variation des stocks (uniquement pour les EI). Les acquisitions d'actifs non financiers

Tableau 15. **Les comptes des ménages en 2010**
(en milliards d'euros)

Emplois			Ressources		
			Compte de production		
Consommation interméd.	94,8	(72,0)	Production marchande	239,8	(204,3)
Valeur ajoutée	330,9	(132,8)	P pour emploi final propre	185,9	(0,5)
			Compte d'exploitation		
Rémunération des salariés	43,8	(23,2)	Valeur ajoutée	330,9	(132,8)
Autres impôts sur la P	16,5	(1,8)			
Subv. d'exploitation	– 3,2	(– 3,0)			
EBE + revenu mixte	273,8	(113,4)			
			Compte d'affectation des revenus primaires		
Intérêts	20,7		EBE + revenu mixte	273,8	(113,4)
			Rémunération des salariés	1 039,2	
			Intérêts	31,3	
Autres rev. de la propr.	1,3		Revenus distr. des soc.	66,1	
			Revenus attribués aux assurés	47,7	
Solde des revenus primaires	1 438,3		Autres rev. de la propr.	2,4	
			Compte de distribution secondaire du revenu		
Impôts sur le revenu	163,7		Solde de revenus primaires	1 438,3	
Cotisations sociales	407,1		Prestations sociales (hors transferts sociaux en nature)	416,2	
dont des non-salariés	27,3				
Autres transferts courants	49,2		Autres transferts courants	57,7	
Revenu disponible brut	1 292,1				
			Compte d'utilisation du revenu		
DC finale individuelle	1 084,8		Revenu disponible brut	1 292,1	
Épargne brute	207,3				
FBC	116,6	(12,3)	Épargne brute	207,3	
Variation des actifs			**Variation des passifs**		
			Compte de capital		
ANFNP	– 3,0		Transferts en capital reçus	5,4	
Capacité de financement	89,0		Transferts en capital versés	– 10,1	
			Compte financier		
Variation des créances	158,0		Variation des dettes	66,0	
			Solde financier	91,9	

Lecture : la valeur ajoutée des ménages est de 330,9 milliards d'euros dont 132,8 pour les seules entreprises individuelles.

non produits sont inférieures aux cessions de ces ANFNP (principalement des terrains). À la différence de celui des SNF, le solde du compte — la capacité de financement — est toujours positif.

Le compte financier montre que cela permet aux ménages d'acquérir d'autant plus de créances qu'ils s'endettent également d'une façon significative (voir p. 109).

Le graphique 4 présente l'évolution du pouvoir d'achat du revenu disponible, c'est-à-dire le revenu disponible déflaté par l'indice du prix de la dépense de consommation des ménages. La similitude avec le graphique 1, qui présente l'évolution du PIB en volume, n'est pas un hasard, mais résulte du fait que la consommation des ménages est le principal emploi du PIB.

Deux ratios relatifs aux ménages sont importants : le taux d'épargne et le taux d'épargne financière. Le taux d'épargne — rapport de l'EB aux RDB des ménages — fluctue autour d'une moyenne de 15 % depuis vingt ans. La propension à consommer des ménages (DC/RDB) est le complément à 1 du taux d'épargne (car DC + EB = RDB). Rapport de la capacité de financement au RDB, le taux d'épargne financière fluctue autour d'une moyenne de 6 % au cours de cette période.

Graphique 4. **Évolution du pouvoir d'achat du revenu disponible brut des ménages**
(en %)

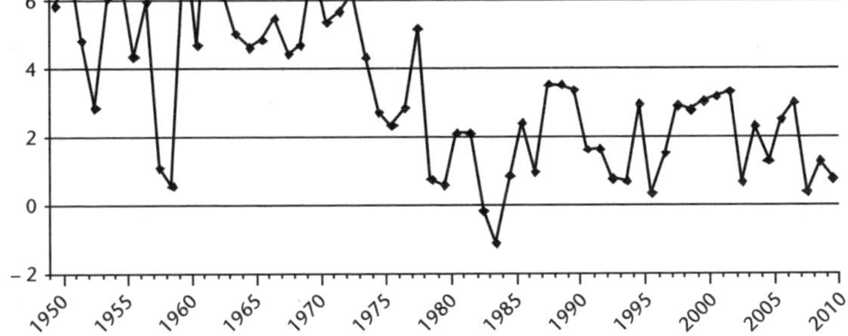

Graphique 5. **Taux d'épargne TEP et taux d'épargne financière TEPF des ménages en % du revenu disponible brut**

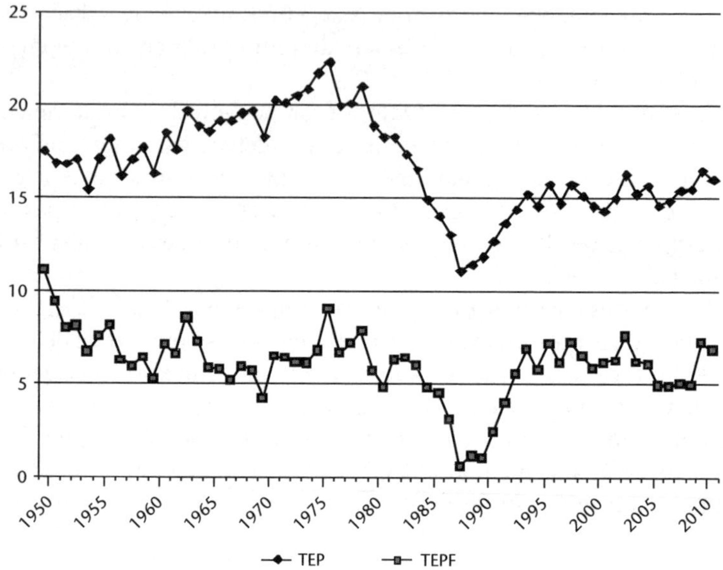

Consommation effective et revenu ajusté

L'analyse de la distribution des revenus primaires et de la redistribution opérée par les prélèvements et les prestations sociales reste très globale faute d'être disponible par catégories de ménages (catégories socioprofessionnelles, quintiles de revenus, classes d'âge, etc.). Une première expérience de décomposition en catégories a été menée en 2008 pour les comptes de l'année 2003.

La notion de *dépense de consommation finale* des ménages (voir p. 25) est une conception assez restrictive de leur consommation. Elle écarte en effet des dépenses de consommation qui bénéficient aux ménages mais sont à la charge de la collectivité, c'est-à-dire des administrations. C'est notamment le cas pour l'éducation, assez largement gratuite, mais aussi pour la santé dont les dépenses sont directement prises en charge ou en grande partie remboursées. Pour prendre en compte cet aspect des choses, la CN distingue désormais la *dépense de consommation finale* (DC) et la *consommation finale effective* (CE). Pour les ménages, la seconde est supérieure à la première ; pour les administrations, c'est le contraire (pour les ISBLSM aussi, mais on n'en traitera que plus loin, p. 97 ; dans cette section, on fait comme si les ISBLSM appartenaient aux APU).

La CE des ménages est égale à la somme de leur DC et des *consommations individualisables* incluses dans la DC des administrations. Ces consommations individualisables sont celles dont le bénéficiaire peut être précisément identifié ; elles incluent donc des dépenses d'éducation et de santé supportées par l'administration pour fournir gratuitement ces services ou rembourser des dépenses aux ménages, mais pas les dépenses liées à la défense, à l'administration générale ou aux autres fonctions qui bénéficient à l'ensemble de la collectivité (ces dépenses constituent la CE des administrations, voir p. 89).

Pour que la CE des ménages puisse être supérieure à leur DC, il faut que leur revenu puisse être plus important que leur seul RDB. On va donc considérer que les administrations transfèrent des revenus supplémentaires aux ménages pour leur permettre d'avoir une CE supérieure à leur DC. Uniquement lorsqu'on veut faire apparaître la consommation effective, on décide donc de créer deux comptes supplémentaires : le premier s'ajoute aux comptes habituels, le second se substitue à l'un d'eux. PERRUC (p. 66) devient PERRRUC... Immédiatement après le compte de distribution secondaire du revenu, un *compte de redistribution du revenu en nature* (troisième R) constate que, en plus du RDB, les ressources des ménages comprennent des *transferts sociaux en nature*, la somme des deux (solde du compte en l'occurrence) s'appelant le *revenu disponible ajusté brut* (RDAB). Ce dernier est la ressource unique d'un *compte d'utilisation du revenu ajusté* (qui remplace le compte d'utilisation du revenu disponible) dont l'emploi est la *consommation finale effective* et le solde l'*épargne brute*.

Tableau 16. **Le revenu ajusté dans les comptes des ménages en 2010**

Emplois		Ressources	
Compte de distribution du revenu en nature			
		Revenu disponible brut	1 292,1
Revenu disponible ajusté	1 642,5	Transferts sociaux en nature	350,4
Compte d'utilisation du revenu ajusté			
Consommation finale effective	1 435,2	Revenu disponible ajusté	1 642,5
Épargne brute	207,3		

La séquence reprend ensuite normalement avec le compte de capital (le solde du compte d'utilisation du revenu est toujours du même montant, quel que soit le revenu — disponible ou ajusté — considéré).

Les transferts sociaux en nature (350,4) comprennent :

— les *prestations sociales en nature* (181,0) : montant des remboursements par les administrations de dépenses de santé, de l'allocation logement, etc., correspondant à des biens et services fournis par des producteurs marchands et non marchands ; on compte de la même façon en cas de « tiers payant », c'est-à-dire lorsque le produit n'est pas remboursé à l'acheteur mais est payé directement au vendeur ; ces prestations sociales étaient comprises dans la définition du RDB de l'ancien système ; dans celui-ci, la *consommation finale* des ménages était égale à l'actuelle DC des ménages augmentée des produits correspondant à ces prestations sociales en nature ;

— les *transferts de biens et services non marchands individuels* (169,4) : valeur correspondant à l'éducation fournie gratuitement, à une partie de la santé (voir p. 88 la répartition de la santé entre les deux postes), etc. Dans l'ancien système, cet ensemble servait à passer de la notion de consommation finale à celle de *consommation élargie*.

On parle de consommation individuelle lorsque les bénéficiaires sont individualisables, de consommation collective dans le cas contraire. Les transferts sociaux en nature, si l'on néglige une petite part qui transite par les ISBLM, sont égaux à la DC individuelle des administrations (passée de 12,6 % à 16,0 % du PIB de 1980 à 2010). La CE des ménages peut être appelée aussi la CE individuelle ; et la CE des APU nommée CE collective (passée de 9,4 % à 8,7 %).

Ces nouvelles conventions devraient améliorer la comparabilité internationale des niveaux de consommation et mieux mettre en évidence le rôle des administrations dans la consommation des ménages, ce qui risque de déplaire profondément aux contempteurs des prélèvements obligatoires.

Les administrations publiques

Le SI des administrations publiques (APU S13) regroupe les unités institutionnelles dont la fonction principale est de produire des services non marchands et/ou d'effectuer des opérations de redistribution du revenu ou du patrimoine. Leurs ressources principales sont des prélèvements obligatoires (impôts et cotisations sociales). Le SI est subdivisé en trois sous-secteurs : administration centrale (APUC S1311),

Tableau 16 *bis.* **Consommation effective et revenu ajusté en 2010**
(en milliards d'euros)

<table>
<tr><td rowspan="2">RDB
ménages
1 292,1</td><td>EB *ménages* 207,3</td><td>EB *ménages* 207,3</td><td rowspan="3">RDAB
ménages
1 642,5</td></tr>
<tr><td>DC *ménages* 1 084,8</td><td rowspan="2">CE *ménages*
1 435,2</td></tr>
<tr><td rowspan="3">RDB
APU
414,1</td><td>DC *APU individuelle**
350,4</td></tr>
<tr><td>DC *APU collective*
168,9</td><td>CE *APU*
168,9</td><td rowspan="2">RDAB
APU
103,2</td></tr>
<tr><td>EB *APU* − 65,7</td><td>EB *APU* − 65,7</td></tr>
</table>

* dont ISBL : 39,4.

administrations locales (APUL S1313) et administrations de Sécurité sociale (ASSO S1314), chacun d'eux étant à son tour divisé en deux parties : l'administration proprement dite et les organismes associés.

L'APUC est formée de l'État S13111 et d'organismes divers d'administration centrale S13112 (c'est le sens du sigle ODAC dans les tableaux statistiques officiels) qui en dépendent : universités, CNRS, CEA, ANPE, etc. Les APUL regroupent les collectivités locales S13131 (régions, départements, communes) et des organismes divers d'administration locale (ODAL S13132) : régies, districts, chambres de commerce, etc. Les administrations de Sécurité sociale rassemblent toutes les unités qui distribuent des prestations sociales à partir de cotisations sociales obligatoires (*régimes d'assurance sociale* S13141), et les organismes auxquels ces unités procurent leurs ressources principales (hôpitaux publics...), appelés organismes dépendant des assurances sociales (ODASS S13142).

La délimitation des APU n'est pas aussi nette et stable qu'on pourrait le penser au regard de la définition du SI. C'est ainsi que les hôpitaux publics, classés jusqu'alors dans les SNF, sont considérés comme APU depuis la base 1980 de la CN. Le passage de la notion de *prix de journée* à celle de *dotation globale de fonctionnement* (pour améliorer la gestion hospitalière) avait déconnecté totalement la production des services hospitaliers de leur financement. Cette réforme rendait nécessaire aux yeux des comptables nationaux le passage des hôpitaux publics du marchand (SNF) au non-marchand (APU). Elle n'a pas changé le PIB, mais a diminué la DC des ménages : leurs paiements partiels pour l'utilisation des services hospitaliers apparaissent dans leur DC comme

Tableau 17. **Les administrations publiques en 2010**
(en milliards d'euros)

Emplois		Ressources	
		Compte de production	
Consommations intermédiaires	110,6	Production marchande	56,7
Valeur ajoutée	318,3	P pour emploi final propre	1,7
		Autre P non marchande	370,4
		Compte d'exploitation	
Rémunération des salariés	259,4	Valeur ajoutée	318,3
Autres impôts sur la P	5,5		
EBE	53,3		
		Compte d'affectation des revenus primaires	
Intérêts	48,0	EBE	53,3
Autres rev. de la propriété	0,1	TVA	133,1
		Autres impôts sur la P	154,3
		Subventions	– 33,4
Solde des revenus primaires	275,2	Revenus de la propriété	16,1
		Compte de distribution secondaire du revenu	
Prestations sociales	378,1	Solde des revenus primaires	275,2
		Impôts sur le revenu et le patrimoine	204,1
		Cotisations sociales	360,5
Revenu disponible brut	414,1	Divers nets	– 47,5
		Compte d'utilisation du revenu	
DC finale individuelle	311,0	Revenu disponible brut	414,1
DC finale collective	168,9		
Épargne brute	– 65,7		
Variation des actifs		**Variation des passifs**	
		Compte de capital	
Formation brute de capital	59,4	Épargne brute	– 65,7
Besoin de financement	– 136,9	Divers nets	– 11,7
		Compte financier	
Variation des créances	10,4	Variation des dettes	147,3
		Solde financier	– 136,9

consommation de services principalement non marchands, mais l'essentiel de la valeur de ces services est maintenant dans la DC individuelle des APU. La mise en place en 2007 d'une nouvelle réforme, la tarification à l'acte (T2A), n'a pas entraîné, après discussion, de changement dans le traitement des hôpitaux.

L'importance économique des APU repose sur l'ampleur de leur VA (16,5 % du PIB en 2010) et sur celle des prélèvements obligatoires collectés (42,5 % du PIB). Les comptes des APU sont construits selon la même logique que ceux des autres secteurs. Leur production est surtout non marchande (voir définition p. 24). Pour les APU, la distinction entre le compte d'affectation des revenus primaires (dans lequel les impôts sur la production sont des ressources) et celui de distribution secondaire (où figurent les impôts directs) n'a pas beaucoup de sens. L'idée que les impôts sur la production sont des revenus primaires ne va pas de soi, mais on applique ici la logique qui veut que la perception par un agent d'une partie du prix d'acquisition des produits soit considérée comme une source de revenu primaire.

On rappelle que la dépense de consommation finale des APU n'est pas leur consommation finale effective (voir p. 84). Elle comprend une DC individuelle qui correspond à des produits consommés par les ménages (remboursements des dépenses de santé, fourniture quasi gratuite de services d'éducation, etc.) et une DC collective qui constitue la consommation effective des APU. Mais on n'est pas chez Kafka : cette consommation des APU bénéficie bien à l'ensemble de la société : défense, sécurité, justice, administration générale, etc. font bien partie des conditions générales qui déterminent nos conditions d'existence. Une variante construite comme celle utilisée pour les ménages (voir p. 87) permet de faire apparaître le revenu disponible ajusté des APU (égal au RDB moins les transferts sociaux en nature) et la consommation effective des APU (égale à leur dépense de consommation collective).

Comme les SNF, les APU ont un besoin de financement, en particulier l'État, ce qui n'est pas nécessairement un scandale puisque de nombreuses dépenses publiques sont un investissement pour l'avenir : FBCF, mais aussi dépenses d'éducation qui accroissent le niveau du « capital humain » et sont une condition de l'élévation future de la productivité.

Tableau 18. **Capacités (+) ou besoins (–) de financement des administrations publiques**
(en milliards d'euros)

	2007	2008	2009	2010
Administration publique centrale	– 48,8	– 68,7	– 121,7	– 130,6
Administrations publiques locales	– 7,7	– 9,4	– 6,2	– 1,7
Administrations de Sécurité sociale	4,6	13,5	– 5,2	– 22,8
Total des administrations publiques	51,9	– 64,6	– 143,1	– 136,9

Prélèvements obligatoires, déficit, dette

Les prélèvements obligatoires (voir graphique 6) sont la somme des impôts et des cotisations sociales obligatoires. Cette terminologie à connotation négative est apparue avec la vague libérale des années 1980 et le discours sur l'État prédateur. Mais c'est oublier la contrepartie : les dépenses publiques qui sont d'ailleurs d'un montant un peu supérieur.

Le traité de Maastricht, qui préparait le passage à l'euro, avait retenu deux critères relatifs aux finances publiques : le déficit devait être inférieur à 3 % du PIB et l'encours de la dette inférieur à 60 % du PIB. Ceci a été formalisé ultérieurement par Eurostat, l'institut statistique européen, dans la procédure de déficit excessif (PDE), qui précise que le déficit et la dette sont calculés de façon différente du calcul en CN sur trois aspects : en éliminant des éléments jugés peu fiables (exclusion des produits dérivés F34 et des crédits commerciaux et décalages comptables F7), en consolidant les dettes entre APU et en exprimant les montants en valeur nominale et non pas en valeur de marché. Pour ce qui est du déficit, les chiffres (en milliards d'euros) sont très voisins : – 136,9 pour la CN et – 136,5 pour la PDE, soit le même pourcentage

Tableau 19. **Chiffres clés des administrations publiques**
(en % du PIB)

	2007	2008	2009	2010
Dépenses	52,6	53,3	56,7	56,6
Recettes	49,9	49,9	49,2	49,5
Déficit au sens de Maastricht	– 2,7	– 3,3	– 7,5	– 7,1
Dette au sens de Maastricht	64,2	68,2	79,0	82,3
Prélèvements obligatoires	43,4	43,2	42,0	42,5

– 7,1 % du PIB en 2010 (graphique 7). Les chiffres sont plus éloignés en termes de dette : 2 024,8, soit 104,8 % du PIB pour la CN et 1 591,2, soit 82,3 % du PIB pour la PDE en 2010, mais les évolutions sont parallèles (graphique 8).

Graphique 6. **Les prélèvements obligatoires : impôts et cotisations sociales en % du PIB**

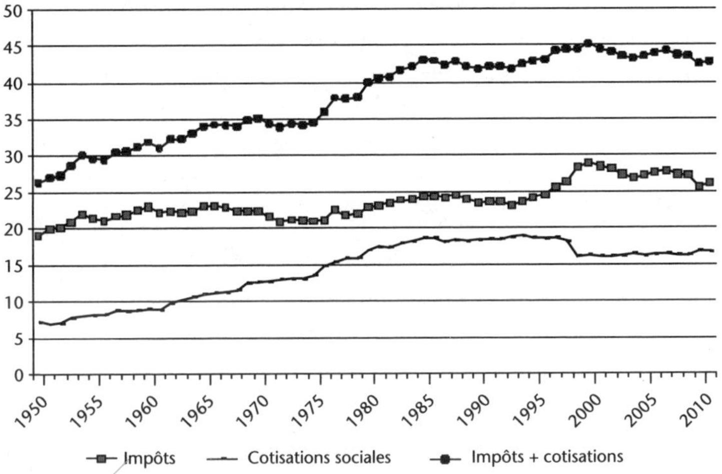

Graphique 7. **Déficit public en % du PIB**

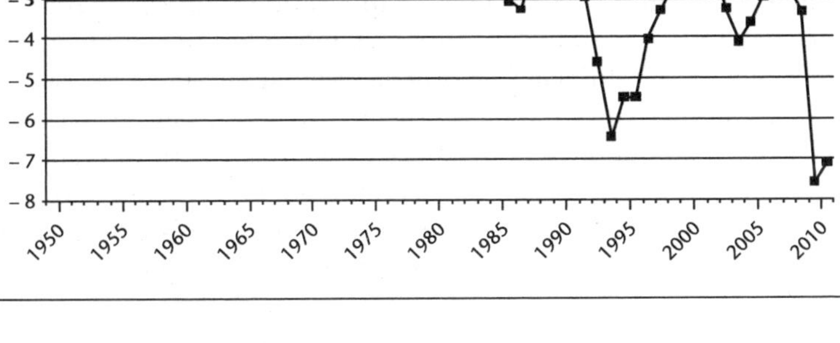

Graphique 8. **Dette publique en % du PIB**

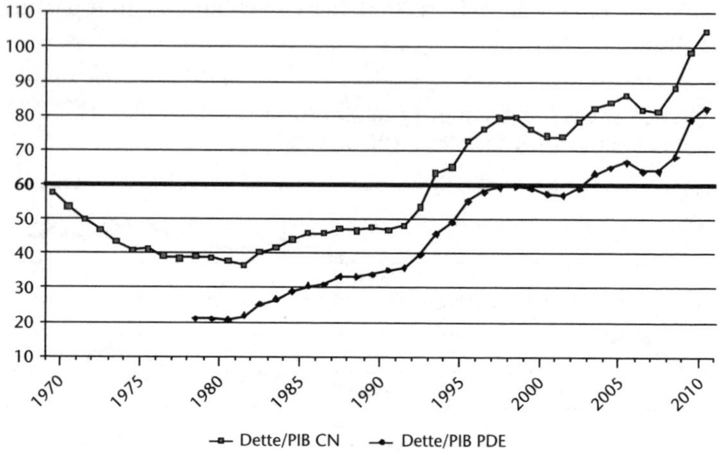

Les sociétés financières

Certains agents économiques ont une capacité, d'autres ont un besoin de financement : le monde est décidément imparfait... Les premiers doivent donc accroître plus leurs créances que leurs dettes (même s'ils thésaurisent puisque la monnaie alors détenue est une créance) ; les seconds doivent faire le contraire. Pour résoudre leurs problèmes respectifs, les agents à capacité peuvent acheter des bons ou des titres (obligations, actions...) émis par les agents à besoin : cela augmente les créances des premiers et les dettes des seconds. Ils peuvent également leur consentir directement des prêts, ce qui a le même effet. Toutefois, ces méthodes sont d'une application limitée, notamment parce que tout le monde ne peut pas émettre des titres (les ménages, par exemple) ; surtout, elles ne concilient pas nécessairement bien les souhaits des créanciers (liquidité...) et des débiteurs (échéances de remboursement suffisamment longues...). Comme la somme des capacités des SI (y compris le reste du monde) égale la somme de leurs besoins de financement et qu'en conséquence l'accroissement global des créances pendant l'année est identique à celui des dettes, notre problème a certainement une solution : l'univers comptable est décidément parfait...

Les sociétés financières (SF) s'interposent entre les agents à capacité et les agents à besoin de financement, et tentent de concilier leurs souhaits contradictoires. Les SF regroupent en effet les unités dont la fonction principale est de *financer* (c'est-à-dire de collecter, transformer et répartir des moyens de financement) ou de *gérer ces moyens de financement*. Elles s'endettent en collectant des dépôts à vue ou à échéance, en émettant des titres, etc., pour être en mesure d'être créancières (par exemple en prêtant). Bref, elles exercent une activité d'intermédiation financière (les opérations financières sont présentées au chapitre IV). À côté de la *banque centrale S121*, des *autres institutions de dépôts S122* (banques...) et des *autres intermédiaires financiers S123* (SICAV...), ces trois sous-secteurs pouvant être regroupés sous l'appellation d'*institutions financières S12A*, le secteur comprend également des *auxiliaires financiers* S124 (GIE carte bleue...) et des *sociétés d'assurance* S125 (y compris les mutuelles, institutions dont les ressources sont des cotisations sociales volontaires), ces dernières correspondant environ à un sixième de la VA des SF. Dans l'ancien système français, les entreprises d'assurance constituaient un secteur à part entière mais l'évolution des métiers respectifs a obscurci la distinction entre institutions financières et assureurs.

Tableau 20. **Les sociétés financières S12 en 2010**
(valeur ajoutée et total du passif au 31 décembre, en milliards d'euros)

		VA	Passif
S12	**Ensemble des SF**	**86,4**	**11 107,2**
S12A	*Ensemble des IF*	*59,0*	*9 136,6*
S121	Banque de France	1,5	456,8
S122	Autres IF monétaires	54,8	7 186,5
S122AE	Banques et assimilés	54,8	6 774,9
S122F	OPCVM monétaires	0	411,6
S123	Autres IF	2,7	1 492,3
S123A	IF diverses	1,8	492,4
S123B	Autres OPCVM	0,9	999,9
S124	*Auxiliaires financiers*	*10,1*	*154,3*
S125	*Assurances*	*17,3*	*1 817,3*

Le tableau 20 montre que les SF sont moins importantes par le montant de leur VA (4,1 % du PIB en 2010) que par l'ampleur de l'intermédiation financière qu'elles effectuent, ce que l'on mesure par exemple par le montant de leur passif total (près de cinq fois le PIB en 2010).

Les principaux chiffres du compte des sociétés financières S12 peuvent se lire dans le tableau 21, mais il est utile de regarder plus en détail les deux principales composantes.

Tableau 21. **Les sociétés financières S12 en 2010**

Emplois		Ressources	
	Compte de production		
Consommations intermédiaires	104,5	Production marchande	189,6
		dont SIFIM	46,1
Valeur ajoutée	86,4	P pour emploi final propre	1,4
	Compte d'exploitation		
Rémunération des salariés	51,5	Valeur ajoutée	86,4
Autres impôts sur la P	5,8		
EBE	29,2		
	Compte d'affectation des revenus primaires		
Intérêts	167,1	EBE	29,2
dont SIFIM	10,3	Intérêts	217,5
Revenus distr. des soc.	40,0	dont SIFIM	– 35,8
Revenus assurés	48,0	Revenus distr. des soc.	56,8
Autres rev. de la propriété	1,4	Autres rev. de la propriété	9,1
Solde des revenus primaires	56,0		
	Compte de distribution secondaire du revenu		
Impôts sur le revenu	10,1	Solde des revenus primaires	56,0
Cotisations sociales		Cotisations sociales	31,7
Prestations sociales	31,7	Prestations sociales	
Primes nettes	0,2	Primes nettes	33,6
Indemnités	33,6	Indemnités	0,2
Autres transferts courants	0,9	Autres transferts courants	0,0
Revenu disponible brut	45,0		
	Compte d'utilisation du revenu		
Épargne brute	45,0	Revenu disponible brut	45,0
Variation des actifs		**Variation des passifs**	
	Compte de capital		
FBCF	12,2	Épargne brute	45,0
ANFNP	0,6	Transferts en capital reçus	1,2
Capacité de financement	31,6	Transferts en capital versés	– 1,8
	Compte financier		
Variation des créances	1 714,7	Variation des dettes	1 697,3
		Solde financier	17,3

Tableau 21 *bis.* **Les institutions financières S12A en 2010**

Emplois		**Ressources**	
	Compte de production		
Consommations intermédiaires	57,3	Production marchande	115,1
		dont SIFIM	46,1
Valeur ajoutée	59,0	P pour emploi final propre	1,2
	Compte d'exploitation		
Rémunération des salariés	33,1	Valeur ajoutée	59,0
Autres impôts sur la P	4,0		
EBE	21,8		
	Compte d'affectation des revenus primaires		
Intérêts	157,8	EBE	21,8
dont SIFIM	10,3	Intérêts	168,8
Revenus distr. des soc.	26,9	dont SIFIM	– 35,8
Autres rev. de la propriété	0,9	Revenus distr. des soc.	29,0
Solde des revenus primaires	40,0	Autres rev. de la propriété	5,9
	Compte de distribution secondaire du revenu		
Impôts sur le revenu	6,1	Solde des revenus primaires	40,0
Autres transferts courants	0,9	Autres transferts courants	0,9
Revenu disponible brut	33,9		
	Compte d'utilisation du revenu		
Épargne brute	33,9	Revenu disponible brut	33,9
Variation des actifs		**Variation des passifs**	
	Compte de capital		
FBCF	9,1	Épargne brute	33,9
ANFNP	0,1	Transferts en capital reçus	1,2
Capacité de financement	25,6	Transferts en capital versés	– 0,3
	Compte financier		
Variation des créances	1 614,8	Variation des dettes	1 591,3
		Solde financier	23,5

Dans le tableau 21 *bis*, relatif aux institutions financières S12A, les points spécifiques sont, en plus des actifs et passifs financiers, les intérêts reçus et versés et l'intervention du SIFIM (voir p. 22) : on voit que la production de SIFIM 46,1 milliards provient d'un retraitement

Tableau 21 *ter*. **Les sociétés d'assurance S125 en 2010**

Emplois		Ressources	
		Compte de production	
Consommations intermédiaires	33,6	Production marchande	50,6
Valeur ajoutée	17,3	P pour emploi final propre	0,2
		Compte d'exploitation	
Rémunération des salariés	12,1	Valeur ajoutée	17,3
Autres impôts sur la P	1,0		
EBE	4,2		
		Compte d'affectation des revenus primaires	
Intérêts	2,3	EBE	4,2
Revenus distr. des soc.	4,4	Intérêts	45,2
Revenus assurés	48,0	Revenus distr. des soc.	12,1
Autres rev. de la propriété	0,3	Autres rev. de la propriété	2,1
Solde des revenus primaires	8,7		
		Compte de distribution secondaire du revenu	
Impôts sur le revenu	2,8	Solde des revenus primaires	8,7
Cotisations sociales		Cotisations sociales	30,9
Prestations sociales	30,9	Prestations sociales	
Primes nettes		Primes nettes	33,6
Indemnités	33,6	Indemnités	
Autres transferts courants	0,9	Autres transferts courants	
Revenu disponible brut	5,0		
		Compte d'utilisation du revenu	
Épargne brute	5,0	Revenu disponible brut	5,0
Variation des actifs		**Compte de capital**	
FBCF	2,0	Épargne brute	5,0
ANFNP	0,4	Transferts en capital reçus	
Capacité de financement	1,1	Transferts en capital versés	– 1,5
		Compte financier	
Variation des créances	94,5	Variation des dettes	101,7
		Solde financier	– 7,2

des intérêts : 10,3 milliards d'intérêts versés en plus par les IF et 35,8 d'intérêts reçus en moins.

Dans le tableau 21 *ter*, relatif aux sociétés d'assurance S125, les points spécifiques sont les primes nettes reçues et les indemnités versées, les revenus issus du placement des primes et attribués aux assurés, ainsi que les cotisations sociales reçues et les prestations sociales versées, notamment par les mutuelles.

Les ISBLSM

On les appelait jadis les administrations privées ; elles sont devenues les institutions sans but lucratif au service des ménages. Il s'agit des associations de consommateurs, partis politiques, syndicats, Églises, organismes de charité, de l'enseignement privé (depuis la base 2000), fondations, etc. qui produisent des services non marchands au bénéfice des ménages à partir de cotisations volontaires (les mutuelles sont classées avec les sociétés financières). Si ces organismes reçoivent des administrations plus de 50 % de leurs recettes, ils sont considérés comme APU ; s'ils sont peu importants, ils sont intégrés au SI des ménages. Bref, les ISBLSM ont une importance assez limitée. Les sources statistiques pour construire leurs comptes sont rares, mais l'ensemble de leurs comptes a été revu pour la base 2005 et le niveau de leurs opérations a été sensiblement relevé. La VA du SI correspond à 1,5 % du PIB. Comme les APU, les ISBLSM ont une DC qui s'élève à quelque 2 % du PIB ; elle est considérée comme entièrement individuelle (voir p. 87) et est donc intégrée à la consommation effective des ménages dont elle représente 2,5 % (voir les chiffres dans le TEE p. 128-129).

Le compte des relations avec le reste du monde

Il ne s'agit pas de faire les comptes complets du reste de la planète, mais de retracer les relations entre unités résidentes et unités non résidentes. Le reste du monde (RDM) est donc une sorte de SI qui regroupe ces dernières uniquement dans la mesure où elles effectuent des opérations économiques pendant l'année avec l'économie nationale (ensemble des unités résidentes). On répartit les opérations non financières avec le RDM dans trois comptes (voir TEE p. 128-129).

Le *compte extérieur des biens et services* présente les importations en ressources et les exportations en emplois, le solde étant le *solde extérieur des biens et services* (les importations de la France sont une ressource pour le RDM et on les appelle importations ; autrement dit, on écrit les comptes du point de vue du RDM, mais on désigne les opérations par le nom qu'elles ont pour la France).

Le *compte extérieur des revenus primaires et transferts courants* enregistre toutes les opérations de répartition du revenu intervenant avec le RDM. Son *solde extérieur courant* est l'équivalent de l'épargne pour les autres SI, c'est-à-dire du solde du compte d'utilisation du revenu. Il est pratiquement égal au *solde des transactions courantes* de la balance des paiements. Le solde du *compte de capital* est à peu près du même montant car ce troisième compte n'enregistre à peu près rien (voir encadré). Ce solde est la *capacité de financement du RDM*. Par construction, elle est égale, mais de signe opposé, à la *capacité de financement de la nation* ; car une opération ne peut pas augmenter la capacité de financement d'un non-résident si elle n'accroît pas du même montant le besoin de financement d'un résident. Une capacité de financement positive pour le RDM (donc négative pour la nation) signifie que les SI résidents ont dû contracter plus de dettes auprès d'unités non résidentes qu'ils n'ont acquis d'actifs financiers dans le RDM. L'ensemble de ces opérations financières est présenté dans le compte financier du RDM (voir chapitre suivant).

Comme le SCN et le manuel du FMI sont cohérents, les données des comptes du RDM et celles de la balance des paiements sont désormais presque parfaitement identiques. La balance présente l'avantage d'être établie mensuellement et avec des délais plus rapides. Elle permet de synthétiser des évolutions souvent méconnues du public et des médias ; par exemple, l'envol depuis quelques années des investissements directs et de portefeuille : la mondialisation ne se réduit pas au commerce extérieur. Mais ces résultats sont à interpréter avec précaution car une proportion considérable des flux est relative à des relations avec les autres pays de l'UE dont la plus grande partie a la même monnaie que la France. Pour être plus pertinente, la CN présente des comptes du RDM qui permettent de distinguer l'Union européenne des pays tiers.

Tableau 22. **Compte du reste du monde en 2010**
(en milliards d'euros)

Emplois		Ressources	
Exportations	492,2	Importations	537,5
Solde extérieur de biens et services	45,3		
		Solde extérieur de biens et services	45,3
Rémunération des salariés	10,1	Rémunération des salariés	0,9
		Impôts sur la production et les importations	4,4
		Subventions	– 8,9
Intérêts	85,5	Intérêts	88,2
Revenus distribués des sociétés	30,6	Revenus distribués des sociétés	22,1
Bénéfices réinvestis des IDE	23,6	Bénéfices réinvestis des IDE	7,7
Impôts sur le revenu	3,7	Impôts sur le revenu	0,1
Cotisations sociales	0,3	Cotisations sociales	3,7
Prestations sociales	0,6	Prestations sociales	6,0
Autres transferts courants	9,0	Autres transferts courants	37,2
Solde extérieur courant	43,3		
ANFNP	0,0	Transferts en capital reçus	0,8
Capacité de financement	42,5	Transferts en capital versés	– 1,6
Variations de dettes	928,4	Variations de dettes	876,1
		Solde financier	52,3

* Le « compte » du reste du monde est présenté « du point de vue » du reste du monde, mais, « du point de vue » de la nation, il faut inverser les signes des soldes : le solde extérieur de biens et services du reste du monde est le déficit commercial de la nation (– 43,3) et la capacité de financement du reste du monde est le besoin de financement de la nation (– 42,5).

IV / Compte financier et compte de patrimoine

Les comptes courants présentés dans les deux chapitres précédents ont décrit comment se forme et est en partie dépensé le revenu disponible de chacun des SI. Le solde de cette série de comptes est l'épargne (solde du dernier compte courant, le compte d'utilisation du revenu). Grâce à leur épargne, les SI vont pouvoir accumuler de la richesse. Le compte de capital — premier *compte d'accumulation* (déjà présenté avec les comptes des SI dans les chapitres II et III) — décrit l'accumulation de richesse non financière (FBCF...).

Si cette accumulation non financière est inférieure à l'épargne, le SI dispose donc — on l'a vu également — d'une *capacité de financement* pour procéder à une accumulation de richesse financière ; celle-ci est décrite dans un compte financier qui n'a pas encore été présenté et est le deuxième compte d'accumulation. Que l'accumulation non financière (l'investissement) soit supérieure à l'épargne n'est possible que si une baisse de la richesse financière permet de satisfaire le *besoin de financement* ; cette baisse résulte d'opérations financières — un emprunt par exemple — retracées dans le compte financier. La première partie de ce chapitre présente sur les opérations financières et les comptes financiers des SI les informations nécessaires pour décrire le financement de l'économie (c'est peut-être l'occasion de relire le début du chapitre II).

Les opérations sur les produits retracées dans le compte de capital (FBCF...) et les opérations financières présentes dans le compte financier (nouvel emprunt...) sont des flux qui modifient le niveau des stocks (le capital fixe, l'endettement total...). Les niveaux de ces stocks à la fin de l'année sont retracés dans des comptes de patrimoine qui décrivent l'état de la richesse et récapitulent tout ce qui l'a fait varier d'une année à l'autre (changements de prix...). La présentation de cette approche des patrimoines constitue la seconde partie du chapitre.

Les comptes financiers et le TOF

À la suite des comptes « PERRUC » (voir p. 66), prend place un compte financier pour chacun des SI. Une synthèse de tous ces comptes et des opérations financières est fournie par le tableau des opérations financières (TOF).

Les opérations financières portent sur des actifs financiers ou des passifs financiers. Les actifs financiers sont des créances : moyens de paiement (numéraire...), créances financières (prêts bancaires, obligations...) ou assimilées (actions...). Une créance financière donne à son propriétaire (le créancier) le droit de recevoir un ou plusieurs paiements du débiteur qui a contracté l'engagement. Les actifs financiers des uns sont donc nécessairement des passifs financiers pour d'autres. Détenir un passif financier (mais l'adjectif est inutile car il n'existe pas de passifs non financiers), c'est avoir contracté un engagement, une dette. Par exemple, les dépôts (rémunérés ou non) effectués par ses clients auprès d'une banque constituent une dette pour la banque (les fonds ne lui appartiennent pas, elle devra les rembourser) et une créance pour les clients. Comme toute créance est nécessairement une dette pour un montant équivalent, la somme des créances est donc nécessairement égale à celle des dettes.

Les opérations financières

On oppose traditionnellement la finance directe (ou de marché) et la finance indirecte (intermédiée). Cette distinction reste utile pour comprendre les différences entre les actifs financiers, même si les innovations financières depuis vingt ans l'ont rendue quelque peu désuète.

Dans la finance directe, l'agent qui a un besoin de financement le satisfait en créant un titre (on dit qu'il l'émet) et en le vendant directement à un agent qui dispose d'une capacité de financement. Le titre peut être par exemple une obligation (titre représentatif d'un morceau d'emprunt dont la durée est longue ; l'émetteur doit verser des intérêts chaque année et rembourser l'obligation à l'échéance, c'est-à-dire à la fin de la durée prévue) ou une action (titre représentatif d'un droit de propriété sur la société émettrice qui donne notamment le droit de voter à l'assemblée des actionnaires et de recevoir un dividende, c'est-à-dire une partie des bénéfices distribués par la société) ; comme l'émetteur de l'action ne doit pas la rembourser, elle n'est donc pas juridiquement une dette ; mais la CN la considère cependant comme une créance pour le détenteur et une dette (un passif financier) pour l'émetteur. Les titres peuvent être ou non négociables sur des marchés dits secondaires (Bourse...), ce qui offre une grande souplesse à leurs détenteurs mais rend leurs prix (les cours) incertains.

Dans la finance intermédiée, les agents qui ont des capacités de financement effectuent des dépôts auprès des banques (qui sont donc des intermédiaires, on dit qu'elles font de l'intermédiation), lesquelles consentent des crédits (et achètent des titres) aux agents qui ont un besoin de financement. La finance indirecte évite aux épargnants les risques du marché.

La nomenclature des actifs financiers sur lesquels portent les opérations financières permet de distinguer les différents instruments financiers de la finance directe et de la finance intermédiée ; elle concerne aussi les moyens de paiement. Les actifs financiers sont classés par ordre de liquidité décroissante (la liquidité d'un actif est sa capacité à être reconverti en moyen de paiement sans délais, sans coûts et à une valeur non soumise à l'incertitude ; donc, seule la monnaie est parfaitement liquide dans la zone où elle est reconnue).

Nomenclature des opérations financières

F1. *Or monétaire et DTS.* Ce sont des réserves de la banque centrale. L'or détenu par la Banque de France et les droits de tirage spéciaux sur le FMI sont considérés, par convention, comme des créances de la banque centrale, donc du SI des sociétés financières (SF), sur le reste du monde (donc une dette du RDM).

F2. *Numéraire et dépôts.* Comprennent tout d'abord ce qu'on appelle traditionnellement la monnaie : la monnaie fiduciaire, c'est-à-dire les *billets et pièces* F21 (créances pour les détenteurs, dette pour la banque centrale pour les billets, dette du Trésor pour les pièces) et la monnaie scripturale, c'est-à-dire les *dépôts transférables* F22 par chèque, virement, etc. (créances pour les titulaires des dépôts, dettes pour les banques). Comprennent ensuite d'*autres dépôts* F29 qui peuvent être à vue ou à échéance mais ne sont pas directement transférables (comptes sur livret, épargne-logement...). Ce poste se trouve fortement gonflé par des opérations entre SF.

Les produits financiers dérivés

Un produit financier dérivé est un instrument financier, dont la valeur fluctue en fonction de l'évolution du taux ou du prix d'un produit appelé actif sous-jacent, qui ne requiert aucun placement net initial ou peu significatif, et dont le règlement s'effectue à une date future.

Il s'agit d'un contrat entre deux parties, un acheteur et un vendeur, qui fixe des flux financiers futurs fondés sur ceux d'un actif sous-jacent réel ou théorique, généralement financier.

Les transactions sur les produits dérivés sont en forte croissance depuis le début des années 1980 et représentent désormais l'essentiel de l'activité des marchés financiers. En encours, le total des passifs financiers de l'économie nationale a crû en moyenne annuelle de 10 % entre 1987 et 2010, mais l'encours de produits dérivés a augmenté de plus de 20 % !

À l'origine, les produits dérivés ont été créés pour permettre aux entreprises de se couvrir contre différents types de risques financiers. Le premier a été le risque de fluctuations de cours des matières premières, puis le risque de change, le risque de taux, le risque de crédit.

L'actif sous-jacent peut être une action cotée en Bourse, une obligation, un indice boursier, comme le CAC 40 ou encore l'indice des prix à la consommation, une unité négociable d'une matière première (blé, pétrole, cuivre...), un taux de change, un taux d'intérêt, des flux financiers liés à la réalisation d'un événement prévu dans le contrat, comme le défaut de paiement d'une entreprise, un événement climatique, une catastrophe naturelle, etc. On peut même spéculer aujourd'hui sur le prix de la tonne de CO_2 sur le marché des droits à polluer.

Sont donc attirés naturellement vers ce type de transactions des professionnels désirant fixer un prix à l'avance pour une quantité d'actif

F3. *Titres hors actions*. Il s'agit de titres qui ne donnent aucun droit sur la propriété de l'unité qui les a émis. Ils sont le plus souvent négociables. On distingue les *obligations* F332 qui sont des titres longs et les *titres de créances négociables* F331 qui sont des titres courts négociables sur le marché monétaire et dont les noms changent en fonction de la nature de l'émetteur : billets de trésorerie si l'émetteur est une entreprise, certificats de dépôts négociables si c'est une banque, bons du Trésor négociables si c'est l'État. Dans les titres hors actions sont enfin classés des *produits financiers dérivés* F34 (*swaps*, *options*...) trop complexes pour pouvoir être raisonnablement présentés (voir encadré).

F4. *Crédits*. On distingue notamment les crédits à court terme F41 et à long terme F42 selon que l'échéance initiale est supérieure ou non à un an. Sont exclus les *crédits commerciaux* F71, c'est-à-dire par exemple ceux que les fournisseurs accordent à leurs acheteurs.

sous-jacent qu'ils doivent recevoir ou livrer dans l'avenir, et des purs spéculateurs qui sont statistiquement la contrepartie des premiers. Dans une vente à découvert par exemple, le vendeur vend un produit dont il n'est pas encore propriétaire, espérant une baisse des cours : c'est un spéculateur à la baisse.

Par ailleurs, il existe des produits complexes, paquets de dérivés ou empilements de dérivés (par exemple, des options sur des options). Ce sont ces produits complexes, devenus « toxiques », qui ont transformé une crise immobilière aux États-Unis en 2007 en crise financière puis en crise économique mondiale en 2009.

Deux types de produits dérivés

Il convient de distinguer deux types de produits dérivés bien différents : les produits fermes et les produits optionnels. Les principaux dérivés financiers fermes sont les contrats de gré à gré (*forwards*), les contrats à terme (*futures*), les *swaps*. Parmi les produits optionnels, on trouve les *options*, les *warrants* et les *credit default swap* (CDS), sorte d'assurance contre les défauts de crédit, particulièrement utilisés face aux crises des dettes privées ou publiques.

Quelle est la différence ? Dans un *future* (dans ce domaine, tous les termes sont en anglais), j'achète aujourd'hui le droit à une livraison de pétrole à 100 dollars le baril dans six mois. Si, à cette date, le pétrole vaut 120 dollars, j'ai gagné, mais à 80 dollars, j'ai perdu, et c'est le contraire pour celui qui m'a vendu le *future*. Dans une option, comme son nom l'indique, j'aurai dans six mois le choix : si le pétrole est à 120 dollars, j'exerce mon option et le vendeur doit se débrouiller pour me livrer du pétrole à 100 dollars. Mais si le pétrole est à 80 dollars, je ne fais rien, j'ai simplement perdu la valeur de mon option.

Pour une introduction, voir Jégourel [2010].

F5. *Actions et titres d'OPCVM*. À côté des actions cotées sur des marchés F511 et non cotées F512, prennent place les *autres participations* F513, c'est-à-dire notamment les parts de sociétés autres que les sociétés par actions (SARL, mutuelles...). Les *organismes de placement collectif en valeurs mobilières* (OPCVM) sont des SF dont la seule fonction est de placer les fonds qu'elles collectent en émettant des titres appelés parts F52. Les plus connus sont les SICAV (sociétés d'investissement à capital variable) et les FCP (fonds communs de placement). Une distinction importante sépare les *OPCVM monétaires* F521 dont la nature des placements garantit la parfaite liquidité des titres (ce qui en fait des actifs proches des dépôts à vue), les autres OPCVM F522 et les fonds d'investissement divers F523.

F6. *Provisions techniques d'assurance*. Ensemble des droits détenus par les assurés sur les assureurs (créances pour les premiers, dettes pour les

L'enregistrement des opérations financières

Les opérations sur les produits sont enregistrées en emplois/ressources, mais ce mode d'enregistrement est mal adapté aux comptes financiers et aux comptes de patrimoine. Dans ces comptes, l'aspect patrimonial est essentiel, c'est-à-dire la mise en évidence d'avoirs (ou créances ou actifs) et d'engagements (ou dettes ou passifs).

Exemple très simple. J'ai effectué quatre opérations financières :

1. Emprunt	100
2. Remboursement	20
3. Prêt	50
4. Recouvrement	10

Avec l'enregistrement en emplois/ressources, on met en emplois ce qui sort de ma caisse et en ressources ce qui y entre, mais les totaux sont des additions peu pertinentes économiquement :

Emplois		**Ressources**	
(2)	20	(1)	100
(3)	50	(4)	10
Total	70	Total	110
		Solde	– 40

Avec l'enregistrement en variation d'actif/variation de passif, on a au contraire des totaux d'actifs et de passifs directement interprétables :

Var Actif		**Var Passif**	
(3)	50	(1)	100
(4)	– 10	(2)	– 20
Total	40	Total	80
		Solde	– 40

Évidemment, les soldes selon les deux types d'enregistrement sont les mêmes.

seconds) soit dans le cadre de l'assurance vie F61, soit à l'occasion des opérations d'assurance dommage F62.

F7. *Autres comptes à recevoir ou à payer*. Regroupent les *crédits commerciaux et avances* F71 qui retracent les délais de paiement consentis aux acheteurs par les fournisseurs et les avances des acheteurs aux producteurs. Le poste comprend aussi des *décalages comptables* F79 qui traduisent les décalages entre la date de certaines opérations et celle du paiement correspondant.

En théorie, on peut distinguer deux sortes d'opérations financières : celles qui sont contrepartie d'une opération non financière (j'achète du pain) et celles qui sont contrepartie d'une autre opération financière (j'achète des actions). Cette remarque banale a une conséquence très importante : en principe, le solde des OF doit être égal au solde des ONF.

En pratique, les choses sont hélas moins nettes. Les comptes financiers sont construits par la Banque de France et leur solde (code B9B) n'est pas toujours identique à celui obtenu par l'Insee pour les comptes de capital (code B9A). Cette divergence entre méthodes ou sources est courante dans la CN. Au lieu de s'entendre sur une seule valeur pour chacun des soldes, c'est-à-dire de procéder à des arbitrages comme habituellement (voir chapitre VI), les comptables nationaux font apparaître ici explicitement des *ajustements* entre ces soldes. Selon les années, ces ajustements sont d'ampleur variable. En découle tout de même une gêne certaine pour les malheureux utilisateurs. C'est ainsi qu'en 1997 le taux d'épargne financière des ménages (capacité de financement rapportée au RDB) était de 7,7 % ou 10,5 % selon qu'on mettait au numérateur la capacité de financement comme solde du compte de capital ou le solde du compte financier. Toujours pour la même raison, le besoin de financement des SNF exprimé en proportion de la valeur ajoutée représentait 0,2 % ou... 3,6 % en 1997. Bref, des ajustements passablement erratiques (surtout pour des comptes devenus définitifs, voir chapitre VI).

Le TOF

Tous les comptes financiers des SI sont présentés dans ce que la Banque de France appelle compte financier et que l'Insee nomme tableau des opérations financières (TOF).

Tableau 23. **Le schéma du TOF**

	Actifs		Passifs	
	AF	ANF	AF	ANF
Dépôts		X	X	
Crédits	X			X
Refinancement	X		X	
Titres	X	X	X	X

Ce TOF très simplifié montre la logique de sa construction et permet de s'y retrouver dans la lecture d'un TOF plus complet. Il a quatre colonnes : on distingue les actifs et les passifs, et ensuite les agents financiers AF et les agents non financiers ANF. Les opérations sont regroupées en quatre catégories :

— les dépôts qui sont un actif d'un ANF et un passif d'un AF ;

— les crédits qui sont un actif d'un NF et un passif d'un ANF ;

— le refinancement interbancaire entre AF ;

— les titres qui peuvent être (avec des exceptions) des actifs et des passifs de tous les agents.

Le TOF complet a beaucoup plus de colonnes (détail des secteurs et des sous-secteurs) et de lignes (détail des opérations). De plus la plupart des lignes sont doublées car on distingue les opérations libellées en monnaie nationale (l'euro aujourd'hui) et les opérations libellées en autres devises. Le TOF publié actuellement comprend quarante-quatre lignes et onze colonnes.

En fait, il n'y a pas un TOF, mais deux, ayant exactement la même structure. Le TOF en flux présente les flux d'opérations financières pendant la période choisie, il vient après le compte de capital dans le prolongement de la séquence des comptes courants, et son solde est appelé « solde financier » (B9B). Le TOF en encours présente les stocks financiers en fin de période, il constitue la partie financière des comptes de patrimoine, et son solde est la « valeur financière nette ».

Le TOF permet tout d'abord de retrouver le compte financier d'un SI et, donc, de prolonger la description permise par les comptes « PERRUC » dans les précédents chapitres. On se limitera à quelques mots sur les SNF et les ménages. On a vu p. 70 que le besoin de financement des SNF est de 25,4 milliards. Après ajustement (voir p. 109), le solde financier est de 24,5 milliards d'euros. Il suffirait que les SNF augmentent leurs dettes de ce montant pour que le problème soit réglé. Mais les choses sont plus compliquées : les SNF n'augmentent pas seulement leurs dettes pour faire face à leur besoin de financement, elles accroissent simultanément leurs actifs financiers, leurs créances. Cette variation des créances atteint 119,4 milliards d'euros. Dans ces conditions, leurs variations de dettes atteignent 144 milliards (= 119,4 + 24,5).

La capacité de financement des ménages — y compris les EI — (un solde de 89 milliards) leur permet d'investir d'autant plus en actifs financiers que ces ressources financières sont gonflées par une croissance de leur endettement (66 milliards). Qu'en font-ils ? D'abord de l'assurance vie à laquelle correspond l'essentiel des 78,5 milliards de provisions techniques d'assurance (une partie importante vient des « revenus de la propriété attribués aux assurés » présentés p. 81). Cette croissance de l'assurance vie est une tendance lourde du comportement financier des ménages, du moins jusqu'à une date récente.

Tableau 24. **Comptes financiers 2010 : TOF en flux**
(en milliards d'euros)

Variations d'actifs									Variations de passifs							
S1 ECO	S11 SNF	S12 SF	S13 APU	S14 MEN	S15 ISBL	S2 RDM	S0 Total		S1 ECO	S11 SNF	S12 SF	S13 APU	S14 MEN	S15 ISBL	S2 RDM	S0 Total
0,0		0,0					0,0	F1 Or monétaire et DTS							0,0	0,0
93,5	34,8	13,3	-2,2	42,3	5,2	59,2	152,7	F2 Numéraire et dépôts	73,7		55,1	18,6			79,0	152,7
2,3	0,5	-1,2	0,0	2,9	0,1	4,1	6,4	F21 Billets et pièces	6,4		6,3	0,1			0,0	6,4
121,2	10,7	93,3	1,6	15,3	0,3	1,8	123,0	F22 Dépôts transférables	126,0		110,1	15,9			-3,0	123,0
-30,0	23,6	-78,8	-3,8	24,2	4,8	53,3	23,3	F29 Autres dépôts	-57,5		-60,1	2,6			82,0	24,5
1 400,5	-60,5	1 451,4	11,3	-0,8	-0,9	847,1	2 247,5	F3 Titres hors actions	1 575,8	-35,8	1 506,1	105,5		0,0	671,8	2 247,5
-48,2	3,3	-60,6	10,4	-1,0	-0,3	3,5	-44,6	F331 Titres de créances négociables	-3,7	-2,1	5,5	-7,0			-40,9	-44,6
114,9	-1,7	117,1	0,0	0,1	-0,6	99,5	214,4	F332 Obligations	211,4	27,9	71,6	111,9			3,1	214,4
1 333,7	-62,1	1 394,9	0,9		0,0	744,0	2 077,7	F34 Produits dérivés	1 368,1	-61,6	1 429,0	0,7		0,0	709,6	2 077,7
163,8	39,1	121,4	3,7	-0,3		-1,9	161,9	F4 Crédits	124,0	21,4	25,3	15,8	60,3	1,2	37,9	161,9
31,2	21,4	10,0	-0,2			1,8	33,0	F41 Crédits à court terme	26,8	-2,0	22,8	8,5	-2,3	-0,1	6,2	33,0
132,6	17,7	111,4	3,9	-0,3		-3,7	130,0	F42 Crédits à long terme	98,3	23,9	2,8	7,4	62,8	1,3	31,7	130,0
87,5	54,0	34,5	-6,9	8,9	-3,1	17,5	105,0	F5 Actions et titres d'OPC	43,3	108,3	-65,1			0,1	61,7	105,0
166,7	84,2	66,8	-5,5	20,8	0,3	14,8	181,5	F51 Actions	115,4	108,3	7,0			0,1	66,1	181,5
40,3	3,0	35,9	-4,5	5,5	0,3	-8,9	31,5	F511 dont Actions cotées	9,7	7,5	2,1				21,8	31,5
-79,2	-30,2	-32,3	-1,5	-11,9	-3,4	2,7	-76,5	F52 Titres d'OPC	-72,1		-72,1				-4,4	-76,5
88,5	0,4	9,7	0,0	78,5	0,0	0,5	89,0	F6 Provisions techniques d'assurance	89,0		89,0					89,0
170,0	51,7	84,4	4,5	29,4		6,1	176,0	F7 Autres comptes	150,3	50,2	86,9	7,4	5,8		25,7	176,0
2 003,7	119,4	1 714,7	10,4	158,0	1,3	928,4	2 932,1	F0 Total	2 056,0	144,0	1 697,3	147,3	66,0	1,3	876,1	2 932,1
								B9B Solde financier	-52,3	-24,5	17,3	-136,9	91,9	-0,1	52,3	

L'intérêt du TOF apparaît surtout lorsque l'on combine une lecture en colonnes comme celle que nous venons d'illustrer (comptes financiers des SI) avec une lecture en lignes qui permet de faire apparaître ce qu'on appelle des comptes d'opérations (voir encadré sur le TEE p. 130). Exemple : sur la ligne « crédits » se lit qui emprunte (à droite) et qui prête (à gauche).

Les agrégats monétaires

Les TOF ne sont pas la seule manière de présenter les comptes financiers. Une autre présentation, plus ancienne et encore plus synthétique, est aussi utilisée : les agrégats monétaires. En partant du schéma du TOF, on peut montrer simplement le principe de leur construction. On se limite aux seuls agents financiers et on construit le bilan agrégé de l'ensemble des banques résidentes par simple sommation.

Tableau 25. **Bilan agrégé de l'ensemble des banques**

	Actif	**Passif**
Dépôts		ΣD
Crédits	ΣC	
Refinancement	ΣRA	ΣRP
Titres	ΣTA	ΣTP

On remarque ensuite que le refinancement interbancaire à l'actif ΣRA doit être égal au refinancement interbancaire au passif ΣRP et donc que la ligne peut être supprimée. Le total des titres au passif ΣTP est transféré à l'actif (avec un signe négatif) et qualifié de ressources stables. Cette présentation est désignée sous le nom de « la masse monétaire et ses contreparties ».

Il convient d'être prudent dans l'utilisation de ce concept car plusieurs masses monétaires, codées M0 à M5, peuvent être définies suivant l'extension des dépôts pris en compte. La plus utilisée est M3 qui est l'agrégat suivi par la Banque centrale européenne.

Tableau 25 *bis*. **Agrégat monétaire**

	Contreparties	Masse monétaire
Dépôts		M = ΣD
Crédits	ΣC	
Titres	ΣTA	
Ressources stables	– ΣTP	

Les comptes de patrimoine

La CN ne comprend pas seulement les comptes de flux déjà présentés. Depuis les années 1970, elle prévoyait aussi des comptes de stocks, appelés comptes de patrimoine, et des comptes de variations de patrimoine permettant de passer des comptes de patrimoine de l'année n à ceux de n + 1. La publication annuelle de tous ces comptes a commencé en 1994. Une lacune considérable a été ainsi comblée, car les théories économiques supposent que de nombreux comportements dépendent de variables patrimoniales, mais celles-ci restaient jusqu'alors difficiles à évaluer.

Le patrimoine d'un agent économique est l'ensemble de ses avoirs et de ses dettes à un moment donné. Le compte de patrimoine d'un SI se présente comme un bilan au 31 décembre, avec à l'*actif*, les actifs (avoirs) non financiers (produits et non produits) et financiers (créances), et au *passif*, les passifs toujours financiers (dettes). Le solde, c'est-à-dire la différence entre les actifs et les passifs, est la valeur du patrimoine. On l'appelle la *valeur nette*.

Tableau 26. **Schéma d'un compte de patrimoine**

	Actifs		Passifs
AN	Actifs non financiers		
AN.1	Actifs produits		
AN.2	Actifs non produits		
AF	Actifs financiers	**PF**	Passifs financiers
		B.90	Valeur nette

Actifs économiques

Dans les comptes de biens et services, la délimitation, conceptuelle et pratique, de la production est fondamentale. Pour les comptes de patrimoine, la délimitation essentielle est celle d'actif économique. Tous les actifs financiers sont des actifs économiques (exactement ceux qui sont enregistrés dans le TOF en encours), mais il n'en est pas de même des actifs non financiers. Les actifs non financiers qui figurent dans les comptes de patrimoine sont uniquement ceux sur lesquels il est possible d'exercer des droits de propriété, individuellement ou collectivement, et dont la détention procure des avantages économiques à leurs propriétaires (utilisation directe, revenus primaires ou produits de leur cession, réserve de valeur).

Sont donc exclus le patrimoine écologique (air, biodiversité...) et le capital humain (puisque l'esclavage a disparu). Le domaine public naturel (rivages maritimes, eaux territoriales...) n'est pas considéré comme un actif économique. En pratique, une partie des éléments du patrimoine ne peut être évaluée faute de transactions significatives (monuments, œuvres d'art...). Sont exclus également des biens qui ne peuvent pas être accumulés puisque les conventions de la CN les classent dans la consommation finale (automobiles utilisées par les ménages...) ou intermédiaire (biens durables strictement militaires, mais cela va changer). Enfin sont exclus les droits à la retraite des ménages dans les régimes par répartition, pour lesquels on ne sait pas définir clairement le débiteur.

L'Insee a néanmoins procédé à des calculs relatifs à certains de ces éléments exclus :

— évaluation du *capital humain* par cumul des coûts de formation à partir du compte satellite de l'éducation qui donne un nombre d'élèves et un coût par élève suivant les différents niveaux (élémentaire, primaire, secondaire, supérieur) ;

— calcul de l'*équivalent patrimonial* des biens de consommation durable (automobiles, électroménager, mobilier...) ;

— calcul de l'*équivalent patrimonial* des droits acquis dans les régimes de retraite par répartition [*Économie et Statistique*, 1990], évalué à quatre fois le montant de leur RDB à partir des valeurs actualisées de cotisations et prestations futures. Ce type d'évaluation est lui-même très sensible à certains choix : si le taux d'actualisation utilisé pour le calcul passe de 4 % à 3 %, l'estimation de l'équivalent patrimonial augmente de 50 %.

Les actifs non financiers retenus dans les comptes de patrimoine français actuels sont indiqués dans le tableau suivant. Une première distinction est effectuée entre actifs produits et actifs non produits. Elle est conceptuellement importante car les premiers donnent lieu à de la valeur ajoutée (qui se partage entre salaires et profit), alors que les seconds génèrent de la rente, un concept fondamental de l'économie politique classique. La CN traite ainsi, à tort, l'exploitation des ressources naturelles comme de la production, alors qu'il s'agit de rente.

La distinction traditionnelle entre actifs fixes et stocks a été complétée avec l'introduction des objets de valeur, pures réserves de valeur. Une autre nouveauté du SEC 95 est d'avoir introduit des actifs fixes incorporels, notamment les logiciels, dont la valeur dépend de la quantité de « matière grise » qu'ils incorporent et non pas de la valeur du support matériel. De la même façon, la prospection minière et pétrolière consiste dans la connaissance de l'existence ou non d'un sous-sol riche (la réponse négative est aussi importante que la réponse positive : cela évite de faire des forages qui resteront stériles). Les stocks sont partagés en suivant le processus de production : stocks utilisateurs (= matières premières), travaux en cours, stocks producteurs (= produits finis chez le producteur), stocks dans le commerce.

Les actifs non financiers non produits sont aussi partagés en corporels et incorporels. Dans les premiers, on trouve les terrains et les gisements. Les terrains comprennent les terrains bâtis (qui ne sont donc pas compris dans la valeur des bâtiments et dont l'estimation est un problème délicat) et les terrains non bâtis agricoles et autres. Enfin, on rassemble dans une dernière catégorie des actifs incorporels soi-disant non produits comme les brevets (mais cela va changer avec le SEC 2010), les fonds de commerce, les marques, ces dernières étant largement dépendantes d'une activité reconnue comme productive la publicité.

Valorisation dans les comptes de patrimoine

Trois remarques préliminaires :

— une différence importante entre les comptes de biens et services et les comptes de patrimoine réside dans la valorisation. Dans les premiers, les prix peuvent être connus par l'observation des ventes, lesquelles portent sur l'ensemble des produits en cause. Il n'en est pas de même pour les prix des actifs : chaque année, moins de 10 % des logements sont effectivement vendus, mais l'indice des prix de vente observé est appliqué à l'ensemble des logements. De même, les échanges d'actions dépassent rarement les 10 % du total des encours. Dans tous les cas, les prix observés sur ces marchés réduits sont retenus pour l'ensemble ;

Tableau 27. **Les actifs non financiers retenus dans les comptes de patrimoine**

Actifs produits	Fixes	Corporels	Logement Autres bâtiments Matériels
		Incorporels	Prospection minière Logiciels Originaux artistiques
	Stocks		Stocks utilisateurs Travaux en cours Stocks producteurs Stocks commerce
	Objets de valeur		Bijoux Antiquités
Actifs non produits		Corporels	Terrains Gisements
		Incorporels	Brevets Fonds commerciaux

— il y a deux manières de considérer la valorisation des actifs. Soit on regarde vers le passé (les coûts de constitution de cet actif), soit on regarde vers le futur (combien va-t-il me rapporter), et il n'y a aucune raison que ces deux estimations coïncident. Le second point de vue, celui des « investisseurs », nécessite des hypothèses d'anticipation sur le rendement de l'actif et le taux d'actualisation qui rendent les estimations particulièrement fragiles. Le premier point de vue, celui des comptables nationaux, est plus robuste car fondé sur des chiffres connus. Dans les comptes français, seuls les gisements sont évalués par les rendements futurs actualisés ;

— la valeur du patrimoine national est très sensible à certaines conventions de valorisation : par exemple, la valorisation des terrains légalement constructibles aux prix des terrains à bâtir (méthode actuelle) ou aux prix de la terre agricole (méthode de la base 1971) a augmenté le patrimoine national de plus de 10 %.

Les éléments patrimoniaux sont évalués aux prix auxquels ils auraient été achetés ou vendus (s'ils l'avaient été) à la fin de l'année. Comme on veut évaluer les biens dans une perspective de poursuite de l'activité et non de liquidation de l'entreprise, on retient la *valeur*

La méthode de l'inventaire permanent

Le principe est de reconstituer l'accumulation du capital.

Le modèle d'inventaire permanent fonctionne à prix constants et vérifie la relation de récurrence suivante :

$$K(n) = K(n-1) + FBCF(n) - CCF(n)$$

C'est-à-dire que le capital à la fin de l'année n est égal au capital à la fin de l'année n – 1 plus la FBCF de l'année n moins la CCF de l'année n. On utilise ensuite la série de prix de la FBCF pour valoriser chacun des termes de cette équation, la FBCF bien sûr mais aussi la CCF. Pour valoriser le capital en fin d'année, on utilise une moyenne géométrique des prix de la FBCF de l'année et de l'année suivante. Au total, cela fait apparaître dans l'équation à prix courants un terme de réévaluation REV :

$$pk(n) \times K(n) = pk(n-1) \times K(n-1) + pfn \times [FBCF(n) - CCF(n)] + REV(n)$$

Les données utilisées sont d'une part les séries de FBCF à prix constants et de prix de la FBCF, par type de biens d'équipement (matériel ou immatériel), et par secteurs et sous-secteurs, et d'autre part des informations concernant la moyenne et l'écart-type de la durée de vie des différents actifs, obtenues à l'aide d'études spécifiques, qui permettent de calculer la CCF comme une moyenne mobile pondérée de la série de FBCF.

d'inventaire (méthode de l'inventaire permanent, appelée aussi méthode chronologique, qui revient à simuler l'accumulation du capital). On procède de même pour les logements et les bâtiments puisqu'on veut distinguer leur valeur de celle des terrains bâtis sous-jacents. La valeur des éléments du capital fixe est alors égale à ce qu'ils coûteraient s'ils étaient rachetés neufs à la fin de l'année, moins leur dépréciation par suite d'usure normale ou d'obsolescence prévisible (consommation de capital fixe CCF) depuis l'achat.

La *consommation de capital fixe* est calculée à partir d'études complexes : l'amortissement comptable des entreprises résulte en effet de l'application de règles fiscales alors que l'on veut mesurer une dépréciation économique dont les paramètres principaux sont les durées de vie moyennes et les profils de dépréciation, lente puis accélérée. Les durées de vie moyennes sont : cinq ans pour le matériel informatique et les logiciels, sept pour les matériels de transport, dix pour ceux de communication, trois ans pour les actifs artistiques (!), soixante ans pour les infrastructures...

La *valeur nette* pour l'ensemble des SI, appelée *patrimoine national*, est la différence entre les actifs (financiers ou non) et les passifs possédés par les résidents. En économie fermée (c'est-à-dire sans relations avec le

Valeur nette et fonds propres des sociétés

Dans la logique de la CN, les actions émises par les sociétés sont considérées comme des dettes vis-à-vis de leurs actionnaires. Elles sont évaluées dans les comptes à leur prix de marché à la fin de l'année (du moins pour celles qui sont cotées sur un marché, mais la méthode retenue par la CN pour valoriser les autres ne changerait pas le raisonnement présenté ici). Si les évaluations du marché des actions (la Bourse) étaient cohérentes avec celles retenues par les comptables nationaux pour valoriser les actifs et les dettes (hors actions du passif), la valeur nette des sociétés devrait être strictement nulle. La raison en est simple : comme les sociétés appartiennent à leurs actionnaires, la valeur des actions devrait refléter en théorie exactement celle de l'actif net, c'est-à-dire de l'actif des sociétés diminué de leurs dettes (hors actions figurant au passif). Ce serait le cas si le marché et les comptables nationaux avaient les mêmes critères d'évaluation.

En pratique, les sociétés ont une valeur nette positive ou... négative. Une valeur nette positive signifie que le cours des actions sur le marché est pessimiste puisqu'il évalue ces sociétés à un montant moindre que l'actif net déterminé par les comptables nationaux... ou que ce sont ces derniers qui sont trop optimistes dans leurs évaluations des éléments de l'actif net. Attention ! Une valeur nette négative ne signifie pas que les SNF « ne sont pas très riches ».

Il existe, en comptabilité d'entreprise, une notion — les *fonds propres* — qui permet d'éviter ce type de difficulté d'interprétation et de produire des données plus intéressantes dans une perspective d'analyse financière. En comptabilité nationale, les fonds propres sont obtenus par addition de la valeur nette et de la valeur des actions au passif. Par construction, ils sont donc toujours égaux à l'actif net défini plus haut.

Évidemment cette notion n'a de sens que pour les sociétés puisque ni les ménages ni les APU n'émettent d'actions.

Tableau 28. **Les « deux soldes » des comptes de patrimoine**

Actif non financier	Valeur nette	Situation nette ou fonds propres
Actif financier en actions	Passif financier en actions	
Actif financier hors actions	Passif financier hors actions	

reste du monde), les dettes des résidents sont nécessairement des créances pour d'autres résidents. Actifs financiers et passifs s'équilibrant, la valeur du patrimoine national est donc égale à celle des seuls actifs non financiers. En économie ouverte, il faut y ajouter les créances des résidents sur le reste du monde moins les dettes de même nature.

Les comptes de patrimoine permettent de calculer de nombreux ratios utiles, surtout si on les relie aux données des comptes de flux. Par exemple, le *coefficient de capital* cher aux économistes, rapport du capital utilisé à la valeur ajoutée produite pendant l'année. Si on le mesure par le rapport du capital fixe net moyen utilisé pendant l'année n (obtenu par la moyenne des actifs fixes à la fin de n – 1 et de n) au PIB net de l'économie nationale, il est de 3,86 en 2010. Le tableau montre que le patrimoine national (somme des valeurs nettes des SI) correspond à environ 7,8 fois le PIB net.

La différence entre le patrimoine national (13 065,5 milliards d'euros) et le total des actifs non financiers (13 298,1 milliards d'euros) indique que les créances détenues par les non-résidents sur les résidents dépassent leurs dettes à leur égard de quelque 232,6 milliards d'euros. Comme on le voit sur le graphique 9, cette série connaît une évolution exceptionnelle sur la période récente (un indicateur de la mondialisation financière vue de la France ?).

Graphique 9. **Créances nettes des non-résidents sur les résidents**

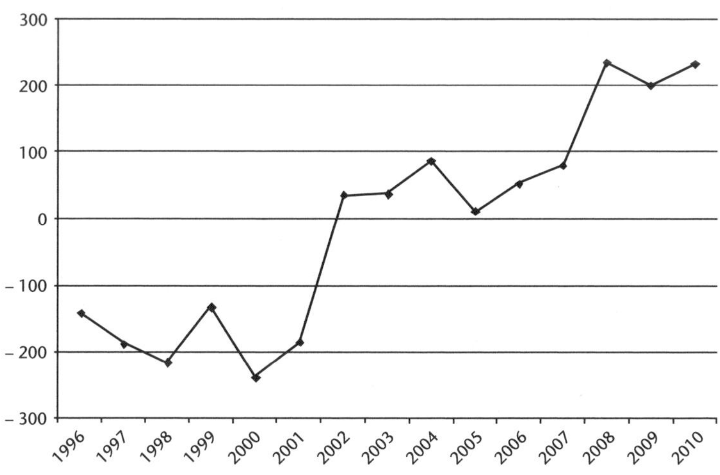

Tableau 29. **Comptes de patrimoine des secteurs institutionnels fin 2010**
(en milliards d'euros)

		S1 ECO	S11 SNF	S12 SF	S13 APU	S14 MEN	S15 ISBL	S2 RDM	S0 Total
AN.	**Actifs non financiers**	**13 298,1**	**3 917,6**	**263,1**	**1 654,0**	**7 409,9**	**53,6**		**13 298,1**
AN.1	Actifs produits	7 052,2	2 280,9	134,8	993,3	3 609,7	33,5		7 052,2
AN.11	Actifs fixes	6 541,9	1 932,0	134,8	976,7	3 464,9	33,5		6 541,9
AN.111	Actifs fixes corporels	6 445,5	1 854,9	126,9	967,4	3 462,8	33,5		6 445,5
AN.1111	Logements	3 920,0	553,3	51,5	52,8	3 262,5			3 920,0
AN.1112	Autres bâtiments et génie civil	1 946,6	817,7	63,0	889,8	147,4	28,7		1 946,6
AN.1113	Machines et équipements	548,2	464,5	12,4	24,0	42,5	4,8		548,2
AN.11131	Matériels de transport	121,8	101,7	1,3	7,5	10,3	1,1		121,8
AN.111321	Matériel informatique	12,7	4,2	4,4	2,4	0,4	1,2		12,7
AN.111322	Matériel de communication	24,8	21,7	1,1	0,7	1,3			24,8
AN.111329	Autres machines et équipements	388,9	337,0	5,6	13,5	30,4	2,6		388,9
AN.1114	Actifs cultivés	30,7	19,4		0,9	10,5			30,7
AN.112	Actifs fixes incorporels	96,4	77,1	7,9	9,3	2,1			96,4
AN.1122	Logiciels	93,4	74,3	7,9	9,2	2,1			93,4
AN.1129	Autres actifs fixes incorporels	3,0	2,9		0,1				3,0
AN.12	Stocks	394,9	348,9		16,6	29,5			394,9
AN.13	Objets de valeur	115,4				115,4			115,4
AN.2	Actifs non produits	6 245,9	1 636,7	128,3	660,7	3 800,2	20,1		6 245,9
AN.21	Actifs corporels non produits	5 819,9	1 270,4	113,6	660,0	3 755,8	20,1		5 819,9
AN.2111	Terrains bâtis	5 371,0	1 096,7	113,6	595,9	3 544,8	20,1		5 371,0
AN.22	Actifs incorporels non produits	426,0	366,4	14,7	0,7	44,3			426,0

AF.	**Actifs financiers**	**21 312,6**	**4 983,6**	**11 446,4**	**888,1**	**3 925,8**	**68,6**	**5 473,9**	**26 786,5**
AF.1	Or monétaire et DTS	93,9		93,9					93,9
AF.2	Numéraire et dépôts	4 131,2	346,6	2 521,7	103,5	1 123,3	36,0	1 597,7	5 728,8
AF.3	Titres hors actions	3 677,9	64,3	3 471,9	79,3	55,3	7,1	2 232,3	5 910,2
dont AF.34	Produits dérivés	579,7	0,1	575,4	4,3			373,5	953,2
AF.4	Crédits	3 532,3	796,0	2 648,3	60,6	27,4		408,9	3 941,2
AF.5	Actions et titres d'OPCVM	6 391,1	2 726,1	2 234,2	404,5	1 001,0	25,4	1 041,8	7 432,9
dont AF.511	Actions cotées	1 215,5	337,9	562,0	123,6	190,8	1,2	531,1	1 746,6
AF.6	Provisions techniques d'assurance	1 599,9	49,6	80,2	1,2	1 468,9	0,1	24,9	1 624,8
AF.7	Autres comptes à recevoir	1 886,4	1 001,1	396,3	239,1	249,9		168,3	2 054,7
A.	**Total des actifs**	**34 610,7**	**8 901,2**	**11 709,5**	**2 542,1**	**11 335,6**	**122,2**	**5 473,9**	**40 084,5**
PF.	**Passifs financiers**	**21 545,2**	**7 158,6**	**11 107,2**	**2 024,8**	**1 232,0**	**22,6**	**5 241,3**	**26 786,5**
PF.1	Or monétaire et DTS							93,9	93,9
PF.2	Numéraire et dépôts	4 674,3		4 584,5	89,8			1 054,5	5 728,8
PF.3	Titres hors actions	3 929,1	399,9	2 057,5	1 471,7			1 981,0	5 910,2
dont PF.34	Produits dérivés	579,3	0,1	578,8	0,3			373,9	953,2
PF.4	Crédits	3 335,0	1 623,9	402,7	242,7	1 050,3	15,5	606,2	3 941,2
PF.5	Actions et titres d'OPCVM	6 133,0	4 172,3	1 953,6			7,0	1 299,9	7 432,9
dont PF.511	Actions cotées	1 318,5	1 141,0	177,5				428,1	1 746,6
PF.6	Provisions techniques d'assurance	1 624,8		1 624,8					1 624,8
PF.7	Autres comptes à payer	1 849,0	962,5	484,1	220,6	181,8		205,7	2 054,7
B.90	**Valeur nette**	**13 065,5**	**1 742,6**	**602,3**	**517,3**	**10 103,6**	**99,7**	**232,6**	**13 298,1**
B.90 + PF.5	Fonds propres		5 914,9	2 555,9					

Comptes de variations de patrimoine

Les différences entre les deux comptes de patrimoine successifs d'un SI résultent des flux économiques de l'année (données du compte de capital et du compte financier) et de variations de la valeur du patrimoine qui ont d'autres causes : consommation de capital fixe (elle diminue la valeur du patrimoine), variations de prix, etc. Tous ces éléments sont présentés dans des comptes de variations de patrimoine qui permettent de passer du patrimoine de clôture d'une année à celui de l'année suivante pour chacun des SI.

Tableau 30. **Schéma du compte de variations de patrimoine**

	Comptes courants			
Compte de patrimoine en fin d'année n – 1	Compte de capital Compte financier	Compte des autres changements de volume	Compte de réévaluation	Compte de patrimoine en fin d'année n

Comptes de variations de patrimoine ou comptes d'accumulation

Quatre facteurs permettent de rendre compte des modifications entre les valeurs du patrimoine à la fin de l'année *n* et à la fin de l'année n + 1.

— *Flux* : sous cette appellation sont récapitulées les opérations retracées dans le compte de capital et le compte financier de l'année n, c'est-à-dire FBCF qui augmente la valeur des actifs fixes produits (machines...), variations de stocks (éventuellement négatives si les entrées en stocks ont été inférieures aux sorties pendant l'année), flux financiers d'actifs et de passifs, etc.

— *Consommation de capital fixe* : c'est une évaluation de l'amortissement, c'est-à-dire de la dépréciation des machines, bâtiments et autre capital fixe, subie pendant l'année n par suite d'usure normale ou d'obsolescence prévisible.

— *Réévaluation* : elle retrace la modification de valeur des éléments de l'actif ou du passif due aux modifications de prix au cours de l'année. Évidemment, l'interprétation de ces changements est toujours ambiguë car les prix de marché qui servent à évaluer des stocks peuvent être obtenus à partir de données sur des transactions peu nombreuses. Les

Tableau 31. **Comptes de patrimoine et de variations de patrimoine de l'économie nationale (S1)**

(en milliards d'euros)

		2005	2006-2010				2010
		Patrimoine en fin d'année	Flux	CCF	Rééva-luation	Autres chang. vol.	Patrimoine en fin d'année
AN.	**ACTIFS NON FINANCIERS**	10 270,4	1 948,4	– 1 260,9	1 745,9	594,3	13 298,1
AN.1	**Actifs produits**	5 586,2	1 948,8	– 1 260,9	781,2	– 3,1	7 052,2
AN.111	Actifs fixes corporels	5 064,8	1 716,4	– 1 084,2	751,2	– 2,8	6 445,5
AN.1111	Logements	3 044,5	605,5	– 185,6	461,3	– 5,7	3 920,0
AN.1112	Autres bâtiments et génie civil	1 508,0	613,9	– 448,8	267,8	5,7	1 946,6
AN.1113	Machines et équipements	485,5	490,4	– 443,8	16,1		548,2
AN.1114	Actifs cultivés	26,9	6,6	– 6,1	6,1	– 2,8	30,7
AN.112	Actifs fixes incorporels	76,3	196,8	– 176,7	– 0,1		96,4
AN.12	Stocks	349,1	31,4		14,9	– 0,4	394,9
AN.13	Objets de valeur	96,0	4,1		15,1	0,1	115,4
AN.2	**Actifs non produits**	4 684,2	– 0,4		964,7	597,4	6 245,9
AN.2111	dont Terrains bâtis	3 985,3	1,8		870,3	513,6	5 371,0
AN.22	Actifs incorporels non produits	237,6	– 0,4		16,5	172,3	426,0
AF.	**ACTIFS FINANCIERS**	16 199,0	11 336,6		– 6 208,9	– 14,2	21 312,6
PF.	**PASSIFS FINANCIERS**	16 210,2	11 483,2		– 6 138,1	– 10,1	21 545,2
B.90	**VALEUR NETTE**	10 259,3	1 801,8	– 1 260,9	1 675,1	590,2	13 065,5

Tableau 32. **Éléments sur les variations du patrimoine (2005-2010) par SI**

		2005	2006-2010				2010
		Patrimoine en fin d'année	Flux	CCF	Réévaluation	Autres chang. vol.	Patrimoine en fin d'année
Sociétés non financières							
SNF	AN	2 964,3	949,5	– 721,3	434,6	290,4	3 917,6
SNF	AF	4 104,0	738,2		90,4	51,0	4 983,6
SNF	PF	5 735,7	919,4		459,7	43,8	7 158,6
SNF	VN	1 332,6	768,3	– 721,3	65,3	297,7	1 742,6
Sociétés financières							
SF	AN	189,7	73,2	– 54,0	30,0	24,1	263,1
SF	AF	8 220,1	9 765,6		– 6 428,6	– 110,6	11 446,4
SF	PF	8 089,6	9 634,2		– 6 591,6	– 25,0	11 107,2
SF	VN	320,1	204,6	– 54,0	193,0	– 61,5	602,3
Administrations publiques							
APU	AN	1 274,6	319,1	– 236,8	247,5	49,8	1 654,0
APU	AF	703,4	95,3		66,4	23,0	888,1
APU	PF	1 482,9	534,6		– 6,2	13,5	2 024,8
APU	VN	495,1	– 120,1	– 236,8	320,0	59,3	517,3
Ménages							
MEN	AN	5 801,0	588,6	– 233,2	1 027,4	226,1	7 409,9
MEN	AF	3 122,9	722,3		59,7	20,8	3 925,8
MEN	PF	886,0	389,9		– 1,7	– 42,2	1 232,0
MEN	VN	8 037,9	921,0	– 233,2	1 088,8	289,1	10 103,6

réévaluations peuvent être calculées comme le produit de l'encours moyen en valeur de la période multiplié par le glissement de prix entre le début et la fin de la période.

— La colonne « autres » désigne les *autres changements de volume et ajustements*. Il s'agit, par exemple, des destructions d'actifs dues aux catastrophes naturelles, des apparitions d'actifs non produits (découverte d'un gisement). Et, tant que la R&D n'est pas reconnue comme une FBCF, les brevets apparaissent ici comme des actifs non produits ! Cette colonne reprend également les changements de catégories de certains actifs pendant l'année (terrains cultivés devenant terrains bâtis...) et le passage de certains éléments d'un SI à un autre SI (entreprise individuelle devenant une société). Les ajustements sont un solde dans les séries statistiques.

V / La synthèse des résultats : agrégats et TEE

La synthèse la plus radicale des comptes nationaux est constituée par les agrégats : PIB, revenu national, patrimoine national... Ceux-ci sont devenus dans l'esprit du public l'emblème du réductionnisme des économistes. Contrairement aux apparences, leur utilisation pour les comparaisons internationales n'est pas simple et ils posent d'une façon générale de redoutables problèmes d'interprétation (voir chapitre VII). Heureusement, la CN propose une synthèse plus nuancée à travers le tableau des comptes économiques intégrés.

Les principaux agrégats

Les agrégats sont des grandeurs synthétiques qui mesurent les performances d'une économie nationale. Leur calcul n'est pas l'objectif principal de la CN, mais ce sont des indicateurs qui peuvent être utiles pour les comparaisons spatiales ou temporelles.

Le produit intérieur brut aux prix du marché est l'agrégat principal ; il « représente le résultat final de l'activité de production des unités productrices résidentes ». « Fondamentalement, le PIB est un concept de valeur ajoutée » (SCN 93, 2.172), mais il peut être présenté sous trois angles : activité, produit, revenu.

Le PIB est tout d'abord un indicateur d'activité dans la mesure où il peut être calculé comme la somme des valeurs ajoutées brutes, mesurées aux prix du marché, de toutes les branches. Comme les VA sont mesurées aux prix de base, le PIB est donc la somme des VA brutes plus les impôts sur les produits moins les subventions sur les produits.

Remarque : ce qui précède est évident si l'on comprend ce que sont les prix de base (voir p. 33).

Comme indicateur de produit, le PIB est la valeur des biens et services issus de la production des unités résidentes et disponibles pour des emplois finals. On peut le calculer à partir de l'équilibre général des ressources et des emplois (voir p. 45) comme la somme de la demande intérieure (dépense de consommation finale, formation brute de capital) et du solde extérieur de biens et services (exportations moins importations).

Tableau 33. **Les trois approches du PIB en 2010**
(en milliards d'euros)

Offre		**Demande**		**Revenu**	
Total Valeur ajoutée	1 738,0	Dépense de consommation finale	1 604,1	Rémunération des salariés	1 030,0
+ Impôts nets sur les produits	194,8	+ Formation brute de capital	374,1	+ Excédent brut d'exploitation + revenu mixte	653,4
		+ Exportations	492,2	+ Impôts nets sur les produits	194,8
		– Importations	– 537,5	+ Autres impôts nets sur la production	54,6
PIB =	1 932,8	PIB =	1 932,8	PIB =	1 932,8

Enfin, comme la valeur ajoutée est la source de tous les revenus, le PIB est nécessairement — malgré son nom — un agrégat de revenus. Il peut être obtenu comme la somme des revenus primaires *distribués par les unités résidentes* : rémunération des salariés, excédent brut d'exploitation et revenu mixte, impôts sur la production moins subventions. Pour comprendre cette dernière définition, il suffit de regarder le compte d'exploitation d'un secteur. Ce compte montre (voir p. 70, par exemple) que, pour un SI, la VA est — par construction — égale à la rémunération des salariés versée par le SI, plus les « autres impôts sur la production », moins les « subventions d'exploitation », plus l'EBE du SI. Pour avoir le PIB, il suffit d'ajouter à cette liste (parce qu'ils font partie de la mesure de la VA aux prix du marché qui est la première approche du PIB présentée ci-dessus) les « impôts sur les produits » et de retirer les « subventions sur les produits ». Si l'on se souvient (p. 34) que la somme de ces deux types de subventions s'appelle les « subventions » et que les « impôts sur la production et les importations » rassemblent ces deux types d'impôts, ce mode de calcul du PIB est accessible à tous ! Remarque : c'est parce que le PIB est aux prix du marché que le prélèvement public net sur le prix de marché apparaît comme un revenu primaire.

La valeur ajoutée est la valeur nouvellement créée ; c'est donc une notion définie pour être logiquement nette. Lorsqu'elle est brute, on n'en a pas soustrait la consommation de capital fixe, c'est-à-dire une destruction de valeur liée au processus productif. Si l'on utilise couramment des VA brutes plutôt que nettes, c'est faute de mieux (voir p. 40) parce que le calcul de la CCF est effectué à partir d'hypothèses qui peuvent toujours être discutées (ou jamais dans certains pays). Se déduit de cette remarque que les comptables nationaux savent que le bon agrégat est le produit intérieur net (PIN, égal au PIB moins la consommation de capital fixe de l'année, c'est-à-dire 13,8 % du PIB en 2010), mais qu'ils continuent à (laisser) utiliser le PIB parce qu'il est plus précis que le PIN.

Pour les comparaisons internationales notamment, les économistes auraient toutefois intérêt à se référer aujourd'hui plutôt au PIN qu'au PIB. En effet, lorsque les dépenses en logiciels et en matériel informatique deviennent rapidement croissantes, la part de la CCF augmente rapidement dans la VA, les durées de vie de ces investissements étant courtes. La PIN augmente donc moins rapidement que le PIB. En outre, les conventions sur le partage entre CI et FBCF ne sont pas les mêmes partout ; les Américains comptabilisent, par exemple, en FBCF des dépenses de logiciels que les Européens classent en CI (dans ce dernier cas, cela diminue la VA, donc la croissance). Le biais sur la mesure peut ne pas être négligeable : de 1995 à 1999, l'écart de croissance entre la France et les États-Unis est de 1,9 % (à l'avantage des États-Unis) s'il est mesuré avec le PIB ; évalué avec le PIN, il est inférieur d'un demi-point [Lequiller, 2000].

Comme agrégat de revenus, le PIB correspond aux revenus primaires *versés* par les unités résidentes. On peut penser que les revenus primaires *reçus* par ces unités sont plus intéressants à additionner. Pour passer des premiers aux seconds, il suffit de retirer tous les revenus primaires versés à des non-résidents et d'ajouter tous les revenus primaires reçus de ceux-ci. On obtient alors le RNB (revenu national brut aux prix du marché). Autrement dit, le PIB est la somme des revenus primaires *versés par* les unités résidentes et le RNB est le total de ceux qui sont *reçus par* celles-ci. Le RNB est donc égal au PIB moins la rémunération des salariés, les revenus de la propriété et les impôts sur la

Tableau 34. **Les principaux agrégats en 2010**
(en milliards d'euros et en %)

Produit intérieur brut (PIB)	**1 932,8**	**100,0**
+ Rémunération des salariés reçue du RDM	10,1	0,5
+ Revenus de la propriété reçus du RDM	139,7	7,2
– Rémunération des salariés versée au RDM	– 0,9	0,0
– Revenus de la propriété versés au RDM	– 118,1	– 6,1
– Impôts sur la production versés au RDM	– 4,4	– 0,2
+ Subventions reçues du RDM	8,8	0,5
Revenu national brut (RNB)	**1 968,0**	**101,8**
+ Transferts courants reçus du RDM	9,8	0,5
– Transferts courants versés au RDM	– 47,0	– 2,4
Revenu national brut disponible	**1 930,8**	**99,9**

production (nets de subventions) versés au RDM, plus les revenus analogues reçus du RDM (ce sont les institutions de l'Union européenne qui expliquent que des impôts soient versés au RDM et que des subventions en soient reçues). Bref, le RNB est la somme des soldes des revenus primaires bruts des SI.

Dans le SCN de 1953, comme le remarque André Vanoli (SCN 93, n° 2.181), le RNB aux prix du marché était déjà défini ainsi, mais était appelé produit national brut, alors qu'il s'agit d'un agrégat de revenu. Le PNB n'existe plus comme agrégat officiel, mais l'appellation conserve une notoriété. Le RNB de la France est très proche de son PIB car ses relations avec le reste du monde sont assez équilibrées. Beaucoup de pays ne sont pas dans ce cas : l'Irlande par exemple a un RNB inférieur de quelque 13 % au PIB ; symétriquement, certains pays rentiers ou receleurs (émirats pétroliers, Suisse...) ont un RNB nettement supérieur à leur PIB.

Le RNB est un agrégat de revenu primaire. Si l'on souhaite obtenir un agrégat de revenu disponible, il suffit de le corriger de tous les transferts courants reçus (à ajouter au RNB) et versés (à soustraire, sauf les impôts nets de subventions déjà comptés) pour obtenir le RNDB qui est aussi la somme de la dépense nationale de consommation et de l'épargne nationale ou encore la somme des RDB des résidents (de même que le RNB est la somme des soldes des revenus primaires des SI résidents, ce que vous pouvez vérifier dans le TEE reproduit plus loin). D'autres agrégats moins importants existent, comme la dépense nationale brute (somme de la dépense de consommation finale et de la formation brute de capital).

Le TEE (tableau économique d'ensemble)

Depuis longtemps, les comptables nationaux français présentaient une synthèse de ce que nous avons appelé l'approche par les revenus dans un tableau économique d'ensemble (TEE) qui concentrait sur deux pages les comptes de tous les SI, du compte de production au compte financier. Avec le SCN 93 et le SEC 95, la CN va plus loin avec une synthèse qui articule les comptes courants, les comptes d'accumulation et les comptes de patrimoine dans un tableau intitulé *comptes économiques intégrés*. Les comptables nationaux français — à juste titre — continuent à l'appeler tableau économique d'ensemble, en hommage à la tradition de la CN française et au *tableau économique* de François Quesnay (1759). Ce TEE occupe maintenant quatre pages de format 21 × 29,7 cm, ce qui n'est pas excessif pour quelque 3 000 cases. Nous en proposons une version en deux (petites) pages.

Les comparaisons internationales d'agrégats

Elles posent deux problèmes de méthode et restent toujours délicates à interpréter. Le problème de la normalisation des définitions et des méthodes est de mieux en mieux résolu grâce aux travaux communs de l'ONU et des autres organisations économiques internationales, notamment depuis le SCN 93.

Reste le second problème : la comparaison d'unités monétaires différentes. On peut toujours convertir le PIB-France en dollars et le comparer au PIB-États-Unis (E-U), mais l'utilisation des taux de change ne permet pas de comparaisons significatives. Ils dépendent plus des prix des produits échangés internationalement que des autres (services...) ; ils sont influencés par les mouvements financiers et dépendent enfin des politiques de change. Bref, les taux de change reflètent mal les rapports de pouvoir d'achat intérieur des monnaies, ce qu'illustrent bien les fluctuations brutales associées au régime des changes flottants actuel. Pour éviter les problèmes posés par les taux de change, il est préférable d'utiliser des conversions en parité de pouvoirs d'achat (PPA). Cette méthode correspond au calcul d'un indice spatial des prix, bien qu'elle pose des problèmes encore plus ardus que ceux des indices temporels de prix [Piriou, 1992 ; Vanoli, 2002, chapitre IX] car les différences entre les produits et les modes de vie sont plus délicates à prendre en compte entre différents pays à une même date qu'entre deux dates pour un même pays.

Tableau 35. **TEE 2010** (en milliards d'euros)

	Emplois									Ressources								
	SNF	SF	APU	MEN	ISBL	IP-SP	ECO	RDM		SNF	SF	APU	MEN	ISBL	IP-SP	ECO	RDM	
P								492,2	Exportations									P
									Importations								537,5	
									Production marchande	2 381,2	189,6	56,7	239,8	2,3		2 889,6		
									PEFP	26,9	1,4	1,7	185,9			215,8		
									Production non marchande			370,4		41,6		412,1		
	1 435,1	104,5	110,6	94,8	14,4		1 759,5		Consommation intermédiaire									
									Impôts nets sur les produits						194,8	194,8		
	973,0	86,4	318,3	330,9	29,5	194,8	1 932,8		VA brute/PIB	973,0	86,4	318,3	330,9	29,5	194,8	1 932,8		E
	153,1	*11,4*	*51,1*	*47,4*	*3,5*		*266,4*		*Consommation capital fixe*	*153,1*	*11,4*	*51,1*	*47,4*	*3,5*		*266,4*		
	819,9	75,0	267,1	283,5	26,0	194,8	1 666,4		VA nette/PIN	819,9	75,0	267,1	283,5	26,0	194,8	1 664,4		
								– 36,4	Solde extérieur de B et S								– 36,4	
E	649,6	51,5	259,4	43,8	25,7		1 030,0	10,1	Rémunération des salariés				1 039,2			1 039,2	0,9	R1
	49,0	6,0	8,9	16,5	1,0	210,3	291,7		Impôts sur la production			287,4				287,4	4,4	
	– 19,2	– 0,3	– 3,4	– 3,2	– 0,7	– 15,5	– 42,2		Subventions			– 33,4				– 33,4	– 8,9	
	293,6	29,2	53,3	154,5	3,5		534,0		EBE	293,6	29,2	53,3	154,5	3,5		534,0		
				119,4			119,4		Revenu mixte				119,4			119,4		
R1	74,0	167,1	48,0	20,7	0,3		310,1	85,5	Intérêts	53,7	217,5	3,7	31,3	1,2		307,4	88,2	
	234,8	40,0					274,9	30,6	R distribués des sociétés	150,0	56,8	10,5	66,1			283,4	22,1	
	6,3	1,4					7,7	23,6	Bénéfices réinvestis d'IDE	14,4	9,1					23,6	7,7	
		48,0					48,0		R attribués aux assurés	0,2	0,0	0,0	47,7			48,0	0,1	
	2,7		0,1	1,3			4,2		R des terrains et gisements	0,0		1,8	2,4			4,2		
	194,2	56,0	275,2	1 438,3	4,4		1 968,1		SRPB/RNB	194,2	56,0	275,2	1 438,3	4,4		1 968,1		R2
R2	26,4	10,1	0,1	163,7			200,4	3,7	Impôts sur le revenu			204,1				204,1		
				407,1			407,1	0,3	Cotisations sociales	11,6	31,7	360,5				403,8	3,7	
	11,4	31,7	378,1		0,3		421,6	0,6	Prestations sociales				416,2			416,2	6,0	
	36,2	34,6	488,4	49,2	1,3		609,7	9,0	Autres transferts courants	11,3	33,8	441,0	57,7	37,6		581,4	37,2	
	143,1	45,0	414,1	1 292,1	40,4		1 934,8		Revenu disponible brut	143,1	45,0	414,1	1 292,1	40,4		1 934,8		R3
R3			311,0		39,4		350,4		Transferts sociaux en nature				350,4			350,4		
	143,1	45,0	103,2	1 642,5	1,0		1 934,8		RDAB									

								RDAB	143,1	45,0	103,2	1 642,5	1,0	1 934,8		U
U			168,9	1 435,2		1 604,1		Consommation finale effective								
			311,0	1 084,8	39,4	1 435,2		dont DC individuelle								
			168,9			168,9		DC collective								
	143,1	45,0	– 65,7	207,3	1,0	330,7		Épargne brute	143,1	45,0	– 65,7	207,3	1,0	330,7		C
							43,3	Solde extérieur courant							43,3	
C	181,8	12,2	59,2	116,2	3,9	373,3		FBCF								
	0,1		0,2	– 0,2		0,1		Variations des stocks								
								Transferts en capital reçus	15,9	1,2	45,4	5,4	2,0	70,1	0,8	
								Transferts en capital versés	– 1,7	– 1,8	– 55,5	– 10,1		– 69,2	– 1,6	
	– 25,4	31,6	– 136,9	89,0	– 0,8	– 42,5	42,5	Capacité de financement								
	0,9	*– 14,3*	*0,0*	*2,9*	*0,7*	*– 9,8*	*9,8*	*Ajustements non financiers/financiers*								
								Compte financier								
								Solde des var. d'A et P	– 24,5	17,3	– 136,9	91,9	– 0,1	– 52,3	52,3	
		0,0				0,0		Or monétaire et DTS							0,0	
	34,8	13,3	– 2,2	42,3	5,2	93,5	59,2	Numéraire et dépôts		55,1	18,6			73,7	79,0	
	– 60,5	1 451,4	11,3	– 0,8	– 0,9	1 400,5	847,1	Titres autres qu'actions	– 35,8	1 506,1	105,5		0,0	1 575,8	671,8	
	39,1	121,4	3,7	– 0,3		163,8	– 1,9	Crédits	21,4	25,3	15,8	60,3	1,2	124,0	37,9	
	54,0	34,5	– 6,9	8,9	– 3,1	87,5	17,5	Actions et participations	108,3	– 65,1			0,1	43,3	61,7	
	0,4	9,7	0,0	78,5	0,0	88,5	0,5	Provisions tech. d'assurance		89,0				89,0		
	51,7	84,4	4,5	29,4		170,0	6,1	Autres comptes	50,2	86,9	7,4	5,8		150,3	25,7	
								Autres changements								
	62,7	3,6	6,4	26,3	0,5	99,6		Actifs non financiers								
	– 3,9	– 100,2	2,9	11,1		– 90,1	6,0	Actifs ou passifs financiers	7,9	– 91,8	4,7	0,2	– 0,1	– 79,1	– 5,1	
								Réévaluations								
	208,2	17,9	117,9	612,4	3,3	959,7		Actifs non financiers								
	117,7	– 1 217,6	– 1,4	39,4	0,5	– 1 061,5	– 662,9	Actifs ou passifs financiers	190,4	– 1 290,5	8,6	– 0,5	0,3	– 1 091,7	– 632,7	
								Patrimoine de clôture								
	3 917,6	263,1	1 654,0	7 409,9	53,6	13 298,1		Actifs non financiers								
	4 983,6	11 446,4	888,1	3 925,8	68,6	21 312,6	5 473,9	Actifs ou passifs financiers	7 158,6	11 107,2	2 024,8	1 232,0	22,6	21 545,2	5 241,3	
								Valeur nette	1 742,6	602,3	517,3	10 103,6	99,6	13 065,5	232,6	
								Fonds propres	*5 914,9*	*2 555,9*						

* Emplois et ressources deviennent VDA et VDP à partir du compte de capital, puis actifs et passifs dans le dernier compte.

La lecture du TEE

Pour l'essentiel, les éléments nécessaires à la compréhension du TEE ont été présentés dans les chapitres précédents, puisque fondamentalement le TEE est la juxtaposition de tous les comptes des SI, qu'on y trouve un TOF simplifié, des comptes du patrimoine et de ses variations. Le lecteur peut vérifier que la somme des emplois des comptes courants d'un SI (côté gauche du TEE) égale celle de ses ressources ; et qu'il en est de même pour ses variations d'actifs (gauche) et de passifs (les raisons ont été exposées au début du chapitre II).

Pour simplifier le tableau, nous avons supprimé quatre colonnes : deux colonnes de totaux, deux pour les « biens et services ».

Note : IP – SP = impôts, nets des subventions, sur les produits ; ECO = économie nationale.

Le reste du monde

On a expliqué (p. 98) que, pour le RDM, la séquence des comptes PERRUC était remplacée par trois comptes (dernière section du chapitre III) ; on les retrouve ici, ainsi que leurs soldes (chaque solde figure à gauche et est aussi à droite comme ressource du compte suivant) : solde extérieur des biens et services (négatif pour le RDM, il signifie que le solde extérieur de la nation est positif, ce qui se vérifie lorsque l'on compare les importations et les exportations), solde extérieur courant qui est l'équivalent de l'épargne pour les SI résidents (négatif pour le RDM, donc positif pour la nation : celle-ci va augmenter sa richesse à l'égard du RDM), capacité de financement (négative pour le reste du monde, elle signifie qu'il a un besoin de financement à l'égard de la nation, autrement dit que la nation a une capacité de financement positive). Les impôts liés à la P et à l'IM reçus par le RDM sont versés par la nation à l'Union européenne. Les subventions reçues du RDM sont versées par l'UE à des résidents (agriculteurs...). Rappelons au lecteur qui rencontre des difficultés à interpréter les opérations du RDM que les importations de la France sont une ressource pour le RDM, donc inscrites du côté droit.

Comptes d'opération

Alors que les colonnes reprennent les comptes des SI, on peut lire en ligne les comptes d'opération qui indiquent pour une opération les ressources et les emplois ; par exemple, comment les intérêts se répartissent en fonction des secteurs qui les reçoivent (côté droit) et de ceux qui les versent. Les comptes d'opération ne nous disent pas en revanche « qui verse à qui » ; pour cette raison, on dit que ce sont des comptes écrans comme les comptes des SI (dans le TES, le compte des consommations intermédiaires n'est pas un compte écran).

Complications peu utiles

Le « vrai » TEE comprend des colonnes de totaux qui permettent de constater, entre autres, que le total des intérêts versés égale celui des intérêts reçus. Cette égalité entre ressources et emplois existe pour chaque opération de répartition : intérêts, rémunérations des salariés, cotisations sociales, bénéfices réinvestis d'investissements directs étrangers (sur cette dernière opération, voir *infra*). Les seules opérations de répartition qui échappent à cet équilibre comptable sont les impôts et les subventions sur les produits en raison des complications qu'introduit la mesure de la production aux prix de base. Pour résoudre ce « problème », une colonne IP – SP a été introduite. Pour les autres opérations de répartition et toutes les opérations financières, on peut retrouver l'égalité des ressources et des emplois pour le compte de chaque opération en additionnant de chaque côté l'économie nationale (ECO) et le reste du monde.

Si les opérations de répartition, à ces deux exceptions près, donnent lieu à des comptes d'opération équilibrés en ligne, il n'en est pas de même évidemment pour les opérations sur produit. Pour celles-ci en effet, l'équilibre des ressources (PIB et importations) et des emplois (DC, FBC, exportations) ne peut être retrouvé que globalement (voir p. 49). Pour que chaque ligne du tableau soit équilibrée, les comptables nationaux ont introduit dans le « vrai » TEE, de chaque côté, une colonne intitulée « biens et services » dans laquelle ils écrivent la contrepartie de chaque opération sur produit (par exemple, pour les exportations ils inscrivent une deuxième fois 492,2 dans la colonne « biens et services » située du côté des emplois).

Dans les deux colonnes ECO, qui correspondent à l'économie nationale, le PIB inclut, en plus de la somme des VA des SI, les impôts nets sur les produits.

Économie nationale

Dans le TEE, elle est obtenue en additionnant les colonnes des SI et la colonne « IP – SP ».

Revenu ajusté

Les intitulés des éléments qui permettent de reconstituer le compte de redistribution du revenu en nature et le compte d'utilisation du revenu disponible ajusté (voir p. 85) sont introduits entre parenthèses juste avant l'épargne.

Comptes financiers

Ils constituent une version simplifiée du TOF en flux (voir p. 109).

Autres changements

Les « autres changements de volume et ajustements » ont été présentés p. 122. Ils sont évidemment plus détaillés dans le « vrai » tableau (18 lignes).

Réévaluations

Elles sont déjà présentées p. 120. Il y a également 18 lignes dans le TEE officiel.

Patrimoine de clôture

Il est obtenu en ajoutant aux éléments du patrimoine de clôture de l'année antérieure toutes les modifications reliées à l'année en cours et présentes dans ce TEE dans les comptes d'accumulation et les comptes de variations de patrimoine (voir p. 120).

Les parités de pouvoirs d'achat

Il s'agit de calculer des indices de prix spatiaux afin de déflater les agrégats en valeur que l'on souhaite comparer. La comparaison, à un instant donné, des différences de niveaux de prix entre deux zones est, *a priori*, un problème équivalent à la comparaison dans une même zone, des niveaux de prix entre deux dates distinctes : il suffit d'inverser la notion de date et de zone géographique. Si le problème est effectivement équivalent dans le cas de deux régions, il se complique singulièrement dès qu'il y en a davantage : le chaînage — qui est la meilleure solution dans un contexte multipériodique — n'est plus adapté du fait de la pluralité des « chemins » reliant une zone à une autre. La recherche d'indices transitifs passe par d'autres méthodes. Deux d'entre elles sont effectivement mises en œuvre par Eurostat et l'OCDE : les méthodes EKS (proposée par Elteto-Koves-Szulc) et GK (Geary-Khamis). De façon très schématique, le principe de la méthode EKS est de valoriser dans chaque pays un panier représentatif commun à tous les pays entrant dans la comparaison ; la méthode GK repose symétriquement sur la valorisation des paniers spécifiques à chaque pays par un système de prix médian. Toute la difficulté réside dans la construction de ce panier commun ou de ce système de prix médian. Ces méthodes présentent chacune des inconvénients spécifiques : non-additivité des agrégats pour la méthode EKS ; biais dans le cas de pays très riches ou très pauvres, appelé « effet Gerschenkron », pour la méthode GK. Elles ont un inconvénient commun : l'incohérence avec les évolutions temporelles (on ne peut pas comparer les PPA de l'année n et celles de l'année n – 1).

Un exemple (ancien) de calcul de PPA : la PPA du dollar par rapport au franc est le prix que l'on doit payer en France et en francs pour acheter un produit qui coûte 1 dollar aux États-Unis. En 1970, par exemple, la PPA du dollar était de 1,86 F pour le vin, 2,47 F pour le pain, 6,11 F pour les automobiles et 11,81 F pour l'essence. Autrement dit, il fallait dépenser 1,86 F en France pour acheter du vin qui aurait coûté 1 dollar aux États-Unis. Comme il y a autant de PPA que de produits, il faut faire une moyenne qui tienne compte du poids de chaque produit dans le PIB ou dans l'agrégat que l'on veut soumettre à la comparaison. Mais, selon que l'on pondère par la structure du PIB France ou par celle du PIB États-Unis, on obtient une PPA de 4,10 F ou de 4,95 F (alors que le dollar valait 5,55 F au taux de change officiel). Pour corriger cette dissymétrie, on prend la moyenne géométrique (racine carrée du produit) des deux estimations : $(4{,}10 * 4{,}95)^{0{,}5} = 4{,}50$ (voir encadré sur les indices p. 39).

Un grand programme de calcul de PPA est en cours au niveau mondial, sous la responsabilité de l'ONU et réparti entre diverses institutions internationales. La méthode EKS est utilisée par Eurostat pour les comparaisons des pays de l'UE (avec une publication annuelle en décembre). Pour l'appliquer, Eurostat considère 1 000 produits pour la DC des ménages et 300 pour la FBCF. Les résultats de l'UE15 pour l'année 1997 (avant l'euro) sont consignés dans le tableau 36. Les prix sont moins élevés dans les pays moins développés, ce qui leur donne un pouvoir d'achat relatif supérieur à ce que suggèrent les taux de change. Symétriquement, on constate que l'avantage relatif des pays les plus riches est moins élevé d'après les PPA que d'après les taux de change. Les inégalités entre pays sont donc moins fortes et mieux mesurées avec les PPA. Le tableau indique par exemple que l'inégalité entre le Danemark et le Portugal est divisée par deux avec les PPA (respectivement 3.2 et 1.7).

Tableau 36. **Indices des PIB par habitant dans l'UE15 en 1997**

	Avec les taux de change	Avec les PPA
Luxembourg	180	171
Danemark	149	122
Belgique	110	114
Autriche	118	113
Pays-Bas	107	108
Allemagne	118	106
France	110	104
Irlande	97	102
Italie	91	102
Suède	119	100
Royaume-Uni	101	100
Finlande	104	95
Espagne	64	80
Portugal	47	72
Grèce	53	69
UE15	**100**	**100**

En 2009, dernière année disponible, sur une base 100 pour l'UE27, la zone euro est à 109, le Luxembourg à 271, le Danemark à 121, la France à 108, la Grèce à 93 et la Bulgarie à 44.

Tableau 37. **Le RNB en PPA en 2009**

Le RNB en PPA par ordre décroissant de trente pays (dont les six premiers représentent plus de la moitié du total mondial) et le classement selon le RNB PPA par habitant pour certains pays, ainsi que le classement selon leur IDH (voir p. 162).

	RNB PPA (en milliards US$)			RNB PPA/habitant (en US$)		IDH
	Union européenne (27)	*15 612*	1	Luxembourg	59 590	25
1	États-Unis	14 226	2	Norvège	55 420	1
2	Chine	9 273	5	États-Unis	45 640	4
3	Japon	4 284	13	Allemagne	36 850	9
4	Inde	4 071	15	Royaume-Uni	35 860	28
5	Allemagne	3 013	**17**	**France métropolitaine**	**33 950**	**20**
6	Russie	2 618	19	Japon	33 440	12
7	Royaume-Uni	2 250		*Union européenne (27)*	*31 090*	
8	**France métropolitaine**	**2 149**	22	Italie	31 870	24
9	Brésil	1 998	27	Corée du Sud	27 240	15
10	Italie	1 937	34	République tchèque	23 940	27
11	Mexique	1 609	41	Russie	18 330	66
12	Espagne	1 454	47	Libye	16 400	64
13	Corée du Sud	1 334	50	Mexique	14 020	57
14	Canada	1 285	63	Vénézuela	12 220	73
15	Turquie	998		**Monde**	**10 270**	
16	Iran	893	70	Brésil	10 160	84
17	Indonésie	886	71	Afrique du Sud	10 050	123
18	Australie	873	79	Pérou	8 120	80
19	Pologne	699	88	Chine	6 890	101
20	Arabie saoudite	670	92	Ukraine	6 180	76
21	Pays-Bas	663	95	Égypte	5 680	113
22	Argentine	570	103	Géorgie	4 700	75
23	Thaïlande	531	115	Philippines	3 540	112
24	Afrique du Sud	507	120	Inde	3 280	134
25	Pakistan	474	126	Vietnam	2 790	128
26	Égypte	469	135	Nigeria	2 070	156
27	Colombie	403	142	Sénégal	1 810	155
28	Belgique	402	149	Tanzanie	1 360	152
29	Malaisie	396	152	Mali	1 190	175
30	Suisse	371	162	Éthiopie	930	174
	Monde	**71 728**	172	Congo (Rép. dém. du)	300	187

Source : Ined, « Tous les pays du monde 2011 », www.ined.fr.

VI / La construction des comptes nationaux

Le travail ingrat, obscur et non valorisant de critique des statistiques rebute la plupart des économistes. Pour eux, les chiffres de la CN sont des données et non les résultats d'une longue chaîne de traitements conceptuels et méthodologiques. Il est au contraire essentiel de connaître (au moins un peu) les méthodes d'élaboration des comptes pour les utiliser correctement. Ce chapitre présentera les sources et méthodes des comptes tels qu'ils sont construits en France aujourd'hui, comptes annuels, puis comptes trimestriels.

Base, changement de base, rétropolation

Dans la terminologie des comptables nationaux français, on appelle *base* une période de calcul des comptes nationaux pendant laquelle on ne change en principe aucun des cinq éléments suivants : concepts, sources, nomenclatures, méthodes de traitement, année de référence des prix constants. Cette année sert aussi à désigner la base en question : les comptes publiés actuellement sont dits « de la base 2005 ». L'année de base donne lieu à des investigations approfondies des comptes et, par exemple, sert à définir certains coefficients (ratios de partage, taux de fraude...) qui seront gardés constants pendant toute la durée de la base.

En France, depuis la création des comptes nationaux après la guerre, plusieurs bases ont été établies. Les quatre premières bases (1952, 1956, 1959, 1962) étaient très proches dans le temps, signe de la mise en place et des améliorations progressives d'un système, très franco-français et

Méthodologie de la rétropolation

Le principe de la méthode est très simple : on raisonne en évolution et on retient comme évolutions de la nouvelle base NB dans le passé les évolutions de l'ancienne base AB convenablement modifiée ABm.

Étape 1 : calcul de l'ancienne base modifiée

Au niveau de détail choisi, on examine série par série les modifications à apporter à l'ancienne base : erreurs connues mais non prises en compte dans AB, changements de nomenclature de produits, d'opérations (notamment classement des impôts et subventions), changements de concepts (consommation effective/dépense de consommation, prix du producteur/prix de base, prix de l'année précédente/prix d'une année de base, droits constatés).

Ces modifications doivent être calculées de la façon la plus simple possible. Par exemple, en cas de changement de nomenclature de produits, on peut se limiter à établir une seule matrice de passage utilisable pour toutes les opérations.

Un point délicat est celui des séries nouvelles de la NB : apparition de la TVA, calcul du SIFIM réparti...

À l'issue de cette étape qui est en fait la plus importante, on doit disposer pour chaque série NB, au niveau de détail choisi, d'une série ABm équivalente. Il est utile de vérifier sur un graphique que les évolutions de la série ABm et de la série NB sont raisonnablement comparables sur leur période de recouvrement.

Étape 2 : calcul de la rétropolation série par série

On applique série par série le principe d'évolution identique de ABm et NB, selon la formule :

$$NB(t-1) = NB(t) \times ABm(t-1) / ABm(t)$$

Cette formule est appliquée en remontant dans le temps à partir du premier point connu de la NB.

Étape 3 : équilibrage

Les différents éléments étant rétropolés indépendamment les uns des autres, il faut ensuite procéder à un équilibrage : Total des ressources = Total

sans lien direct avec les premiers systèmes internationaux très peu détaillés (SCN 1953). Les bases suivantes (1971, 1980, 1995, 2000, 2005 actuelle) sont, elles, complètement alignées sur les recommandations internationales (notamment le SCN 1993 et le SEC 1995).

L'intérêt de la notion de base est que, pendant toute une base, les séries des comptes sont homogènes et donc que les indices d'évolution sont pertinents. Il n'en est plus de même lors d'un *changement de base*, des emplois. Préalablement on vérifie que l'écart entre les deux est raisonnablement faible, sinon on revient à l'étape 1, calcul des séries ABm.

Plutôt que de solder sur un des postes, la méthode retenue consiste à répartir l'écart spontané proportionnellement sur l'ensemble des postes.

Supposons que spontanément : $\Sigma R > \Sigma E$.

On va chercher $k > 0$ tel que : $R' = (1 - k) \times R$ et $E' = (1 + k) \times E$, afin que $\Sigma R' = \Sigma E'$

Soit $k = (\Sigma R - \Sigma E) / (\Sigma R + \Sigma E)$

Ce calcul suppose que tous les R et tous les E sont positifs, mais, en fait, certaines ressources peuvent être négatives (marges, subventions) et en emplois les variations de stocks n'ont pas toujours le même signe. Il faut un peu modifier le calcul ci-dessus. On remplace $R' = (1 - k) \times R$ par :
$R' = (1 - k' \times \text{signR}) \times R = (1 - k' \times \text{absR}/R) \times R = R - k' \times \text{absR}$

Et symétriquement pour $E' = E + k' \times \text{absE}$.

D'où : $k' = (\Sigma R - \Sigma E) / (\Sigma\, \text{absR} + \Sigma\, \text{absE})$ et donc $|k'| < |k|$.

Remarque 1

On n'est pas obligé de rééquilibrer sur toutes les variables : on peut décider de ne pas modifier les comptes des APU, ou le commerce extérieur, ou la consommation des ménages, ou... Dans ce cas, il faut remplacer l'équilibre comptable.

$\Sigma R' = \Sigma E'$ par $\Sigma R' = \Sigma E' + Z$, où Z est le solde des variables « non équilibrables ». Et k' devient :

$$k' = (\Sigma R - \Sigma E - Z) / (\Sigma\, \text{absR} + \Sigma\, \text{absE})$$

Remarque 2

Les étapes 2 et 3 peuvent intervenir de deux façons différentes. Soit on rétropole indépendamment toutes les séries élémentaires et on équilibre simultanément sur toute la période de rétropolation (ce qui est beaucoup plus rapide), soit on rétropole et on équilibre année par année (ce qui est peut-être plus correct).

Dans le premier cas, il faut utiliser la formule de rétropolation en remplaçant explicitement NB par NB non eq :

$$\text{NB non eq}(t - 1) = \text{NB non eq}(t) \times \text{ABm}(t - 1) / \text{ABm}(t)$$

Dans le second cas, il faut utiliser la formule pas à pas :

$$\text{NB non eq}(t - 1) = \text{NB eq}(t) \times \text{ABm}(t - 1) / \text{ABm}(t)$$

c'est-à-dire lorsqu'on décide de changer l'un ou (plus généralement) plusieurs des cinq éléments. Mais, alors, les séries de la nouvelle base ne sont plus directement comparables aux séries de l'ancienne base.

Lors de chaque changement de base, l'opération *rétropolation* consiste à prolonger la nouvelle base dans le passé, c'est-à-dire recalculer les séries de l'ancienne base selon les cadres de la nouvelle base. Le terme « rétropolation » a été inventé par les comptables nationaux français en référence aux deux termes mathématiques interpolation et extrapolation, mais malgré sa simplicité, il n'est pas passé dans le vocabulaire international.

La rétropolation porte d'abord sur les comptes annuels. En ce qui concerne les comptes trimestriels, dans le cas où ils sont construits comme en France par la méthode dite indirecte (étalonnage et calage d'indicateurs trimestriels sur les comptes annuels, voir p. 144), il faut au préalable avoir effectué la rétropolation des comptes annuels correspondants, la rétropolation trimestrielle proprement dite portant uniquement sur les indicateurs, puis refaire les étalonnages-calages. Dans cette dernière étape, on peut choisir soit d'allonger dans le passé la période de calcul de ces étalonnages-calages (mais une période trop longue peut rendre la qualité des étalonnages discutable), soit les recalculer sur une période plus courte (mais se pose alors la question du recollement des deux périodes de calcul).

Les comptes annuels

Le calendrier et les types de comptes

Pour une année donnée n, il y a trois versions de comptes : provisoire P en n + 1, semi-définitif SD en n + 2, définitif D en n + 3. Ils sont établis selon des méthodes différentes suivant la disponibilité des sources.

Le travail des comptables nationaux est organisé en « campagne de comptes ».

Prenons comme exemple la « campagne 2012 » :

— octobre à décembre 2011, compte D de l'année 2009 ;

— janvier à février 2012, compte SD de l'année 2010 ;

— mars à avril 2012, compte P de l'année 2011 ;

— 15 mai 2012 (en principe), publication des comptes 2009D, 2010SD, 2011P.

La publication simultanée des trois comptes assure la cohérence temporelle : si l'on publiait le compte 2009D en décembre 2011 dès son achèvement, il serait incohérent avec l'ancien compte 2010P seul disponible à cette date.

Les comptes sont établis en niveau (année de base et définitif) ou en évolution (semi-définitif, provisoire). Pour élaborer les comptes de l'année n, on essaie de déterminer les évolutions de n – 1 à n plutôt que les *niveaux* atteints en n. En présence de sources imparfaites et incomplètes, il est en effet plus facile de déterminer le taux de variation d'une grandeur économique que son niveau. Lorsqu'on utilise par exemple des fichiers fiscaux, il suffit de comparer les résultats obtenus à partir d'un échantillon représentatif à ceux qui ont été obtenus l'année précédente à partir du même échantillon pour avoir une bonne estimation des évolutions, alors que l'incertitude sur les niveaux est importante. Cependant, on ne peut se contenter d'évaluer des évolutions annuelles que si l'on dispose d'une estimation convenable des niveaux pour une année antérieure appelée *année de base* des comptes.

Les sources

On distingue deux types de sources :

— les sources administratives spécifiques : comptabilité publique, balance des paiements, statistiques douanières, immatriculations de véhicules, permis de construire...

— et les sources administratives indirectes : données fiscales sur les entreprises, contrôles fiscaux, organismes de régulation (banques, assurances) ;

Ces dernières sont complétées par des enquêtes spécifiques : enquête annuelle d'entreprises (EAE), enquêtes agricoles, enquête Budgets de famille, enquêtes Prix (production, commerce de gros, de détail), enquête Actifs financiers.

L'organisation des calculs

Les trois approches du PIB — PIB par la demande (somme des emplois finals nets des imports), PIB par l'offre (somme des VA + impôts nets sur les produits), PIB par le revenu (rémunération des salariés + excédent brut d'exploitation + revenu mixte + impôts nets sur la production et les imports) — sont d'abord l'objet de trois estimations différentes, par des équipes décentralisées (les responsables secteurs-produits — RSP — ont la responsabilité des ERE et du TES, les responsables des comptes de secteurs institutionnels s'occupent de l'approche revenu et du TEE). Un arbitrage centralisé permet ensuite de les réconcilier, en donnant, depuis la base 2000, la priorité à l'aspect revenu.

Le TES. — Les responsables secteurs-produits (RSP) établissent de tels ERE pour 139 produits, pour la plupart partiellement détaillés à un niveau plus fin. Ces ERE sont calculés aux prix courants et aux prix de l'année précédente. Ils sont évalués hors TVA (HTV), la TVA et sa répartition par produits est ensuite estimée centralement pour obtenir les comptes hors TVA déductible (HTD).

On distingue trois types de données exogènes : les données exogènes « dures » (agriculture, consommation finale des ménages), les données exogènes en valeur seulement (production, comptes des administrations — impôts, taux de TVA —, marges T et C, commerce extérieur, la plupart des lignes de la balance des paiements pour les services), les données exogènes « molles », c'est-à-dire ajustables par les RSP (variations de stocks, partage volume/prix du commerce extérieur et des marges).

La projection du TEI s'effectue à partir du TEI de l'année précédente : dans un premier temps, chaque case évolue en volume comme la production en volume de la branche, et en prix comme celui de la consommation intermédiaire du produit, puis par approximations successives on équilibre les ERE.

Le TEE. — On distingue les comptes des entreprises SNF-EI et ceux des secteurs à comptabilité complète (SF, APU, ISBL). Ils ne sont connus qu'en valeur.

Pour les SNF-EI, on part du *Système intermédiaire des entreprises* (SIE), devenu *ESANE* en base 2005 (Élaboration des statistiques annuelles d'entreprises). Il s'agit du traitement (exhaustivité, contrôle et redressement éventuel) des données fiscales détaillées des 2,5 millions d'entreprises : c'est la principale richesse des comptes français (peu de pays ont accès aux données fiscales détaillées), outil méconnu mais fondamental [Lequiller, 2000 ; Augeraud, 2001 ; Augeraud et Briot, 1999]. La seconde étape est le *passage aux comptes (PAC)*, c'est-à-dire la traduction du SIE, qui est exprimé selon les concepts et les évaluations de la comptabilité d'entreprise, dans ceux de la CN. Ces corrections portent sur quatre aspects : élargissement des données comptables (fraude fiscale et travail au noir, salaires en nature), production pour compte propre (logiciels, R&D), corrections conceptuelles (prix de base, crédit bail), priorité aux informations exogènes (essentiellement impôts et subventions), suivies du passage en branches (avec transferts), avec notamment deux problèmes délicats : l'appréciation sur stocks des entreprises, l'évaluation de la FBCF (cessions).

Les arbitrages. — Certaines opérations peuvent être évaluées à l'aide de la comptabilité de certaines unités économiques (entreprises...), d'autres sont en quelque sorte des sous-produits d'activités administratives normales (fisc, douane...), d'autres résultent d'enquêtes statistiques *ad hoc*, d'autres enfin découlent d'hypothèses formulées par les comptables nationaux eux-mêmes, ou de relations comptables. La confrontation des sources conduit à la mise en évidence de contradictions qu'il faut résorber au moyen d'arbitrages : pour une même grandeur, le comptable national dispose *souvent* de deux estimations obtenues avec des méthodes et/ou des sources différentes. À partir d'une critique des sources et des méthodes *et de son expérience*, il lui faut alors « arbitrer », c'est-à-dire choisir l'une des deux estimations ou une estimation intermédiaire. La description des méthodes utilisées par les comptables nationaux pour remplir le cadre comptable est nécessaire pour comprendre *dans quels termes* peut être appréhendée la qualité des comptes. Une question rarement abordée par les chercheurs, bien qu'elle soit évidemment fondamentale pour utiliser correctement les résultats apparemment très précis de la CN.

Il convient de distinguer les arbitrages « élémentaires », par exemple égalité des emplois et des ressources d'un produit (arbitrages à l'intérieur du TES) ou d'une opération (égalité du total des intérêts versés et du total des intérêts reçus : arbitrages à l'intérieur du TEE), et les arbitrages « globaux » permettant la cohérence entre le TES et le TEE. Ces derniers portent principalement sur deux agrégats, la VA et la FBCF des SNF. Depuis la base 2000, la priorité est donnée aux comptes de secteurs du TEE, c'est-à-dire à l'aspect revenu.

L'année de base

La première étape dans l'élaboration des comptes est donc la construction de l'année de base. Pour cette année-là, on établit les comptes en niveau pour chacune des opérations de chaque branche et de chaque SI. Cela requiert la mobilisation de toutes les sources disponibles et la mise en place de moyens d'investigation « lourds » (recensements de diverses natures, enquêtes spéciales...). Cela implique aussi un travail méthodologique considérable puisqu'il faut décider d'une façon précise comment chacune des notions comptables sera délimitée et évaluée (par exemple, les nomenclatures retenues dans les sources disponibles ne sont pas nécessairement celles de la CN...). Les comptables nationaux doivent remplir les comptes et les tableaux prévus, même si la qualité des estimations qu'ils ont effectuées leur semble médiocre. Ils essaieront de les améliorer dans l'avenir, mais les comptes doivent absolument « sortir » à la date convenue sur la base des moyens de traitement de l'information et des sources disponibles.

Au fur et à mesure que l'on s'éloigne de l'année de base, la qualité des comptes diminue. Car les erreurs sur les évolutions annuelles peuvent se cumuler et les choix méthodologiques ou les arbitrages opérés sur l'année de base peuvent se révéler d'autant moins pertinents que la réalité est mouvante. Il faut alors changer d'année de base. L'élaboration de la nouvelle base permet d'utiliser de nouvelles sources, de rectifier des erreurs qui n'avaient pu être détectées lors de la construction de la base précédente, mais aussi, très souvent, d'introduire des modifications conceptuelles.

Pour maintenir la comparabilité internationale, il est souhaitable que les changements de base soient coordonnés. Depuis le SEC 95, une décision européenne oblige à un changement de base tous les cinq ans (en principe, année se terminant par 0 ou 5). Mais, à présent que les systèmes de CN sont à peu près stabilisés conceptuellement, on peut trouver que ce rythme est vraiment excessif, à la fois pour les producteurs et pour leurs utilisateurs.

La révision et la précision des comptes

La CN doit concilier précision des résultats et rapidité de leur publication. Impératifs antinomiques que concilie la publication de comptes révisables.

Tableau 38. **Les révisions de l'évolution du PIB**
(en %)

	Provisoire	Semi-définitif	Définitif	
1996			1,10	base 1995
1997		1,97	1,90	
1998	3,16	3,07	3,41	
1999	2,92	2,91	3,21	
2000	3,09	3,79	3,79	
2001	1,83	2,10	2,10	
2002	1,21	1,18	1,22	base 2000
2003	0,47	0,80	1,09	
2004	2,32	2,32	2,47	
2005	1,19	1,71	1,90	
2006	1,99	2,17	2,22	
2007	2,17	2,32	2,37	
2008	0,43	0,22	– 0,08	base 2005
2009	– 2,63	– 2,73		
2010	1,48			

Il est *a priori* impossible d'apprécier l'erreur qui affecte les résultats d'une année de base (ou des comptes définitifs d'une année quelconque), puisque aucune référence n'est disponible. En 1942, Simon Kuznets estime que le PNB américain est connu à 10 % près. En 1964, Edmond Malinvaud pense que l'erreur sur le PIB français est « sans doute inférieure » à 3 %. En octobre 1995, à la suite d'une analyse du processus d'élaboration des comptes définitifs et d'une évaluation approfondie des erreurs inhérentes aux sources et à leur traitement, l'Insee chiffre la précision du PIB (dans la base 1980) entre 1 % et 2 % en niveau et 0,2 % en évolution [Gallais, 1995].

En fait, les incertitudes sur les niveaux sont souvent moins gênantes (sauf pour les comparaisons internationales) car la plupart des utilisateurs s'intéressent surtout aux évolutions. S'il est difficile d'apprécier la précision du compte définitif (sauf à dire qu'elle est inférieure à celle des résultats de l'année de base, elle-même inconnue...), on peut en revanche être certain que celui-ci est meilleur que le compte provisoire, puisqu'il intègre des données plus complètes et de meilleure qualité.

La comparaison du compte provisoire de l'année n et du compte définitif de l'année n donne une indication sur l'incertitude qui affecte le premier. On y trouve des écarts significatifs entre les *niveaux* des évaluations provisoires et définitives pour une année donnée. Notamment pour les soldes de certains comptes en vertu d'un « effet poubelle » : les « erreurs » sur les postes d'un compte se répercutent sur son solde sans nécessairement se compenser, et l'écart relatif est d'autant plus élevé que le solde est faible.

L'incertitude des évaluations provisoires doit cependant être moins appréhendée en termes de précision que dans une optique de fiabilité, c'est-à-dire en envisageant la précision par rapport aux besoins des utilisateurs. Ceux-ci sont plutôt intéressés par les évolutions et celles-ci semblent plus précises que les niveaux. On peut souligner que la forte précision apparente de certaines évolutions peut sembler insuffisante lorsqu'il s'agit de données lourdes d'enjeux sociaux et politiques (par exemple l'évolution du pouvoir d'achat des salaires en 1981, révisée seulement de 0,8 %, mais qui avait été annoncée négative dans le provisoire, alors qu'elle a été finalement positive). L'Insee insiste sur le fait que les profils des taux de croissance (c'est-à-dire les accélérations ou les décélérations de la croissance) sont généralement moins révisés que les taux eux-mêmes, ce qui renforce l'intérêt des comptes provisoires.

Il est en effet établi que les comptes provisoires ont tendance à « lisser » les évolutions. Les causes en sont la prudence des comptables nationaux, mais aussi le fait que certains indicateurs sont structurellement biaisés : les indicateurs d'activité utilisés pour élaborer le provisoire sont souvent construits à partir de comparatifs, ce qui sous-estime les créations de nouvelles entreprises en cas d'accélération conjoncturelle et les disparitions d'entreprises en cas de décélération [Gallais, 1995].

Il est important de souligner que la fiabilité des comptes ne doit pas être seulement appréciée « en moyenne ». Ce qui devrait importer à l'utilisateur, c'est l'*incertitude* que fait peser sur l'appréciation d'une évolution l'éventualité d'une révision ultérieure dont l'ampleur reste imprévisible. De ce point de vue, il faut bien constater que la quasi-totalité des analyses ne prennent pas en compte le fait que les données non définitives seront par la suite modifiées, et considèrent ces données comme aussi sûres que les données définitives.

Les comptes trimestriels

En fournissant une description macroéconomique relativement détaillée, ces comptes permettent de mieux apprécier l'évolution de la conjoncture et d'alimenter en données chiffrées les modèles de prévision macroéconométriques. Ils remplissent une fonction essentielle dans la connaissance de l'évolution conjoncturelle dans un cadre comptable équilibré.

Mais le calcul des comptes trimestriels ne peut être effectué de la même façon que les comptes annuels, à la fois par manque de moyens (les ressources humaines et matérielles ne permettent pas de faire chaque trimestre ce que l'on fait une fois par an pour les comptes annuels), mais surtout en l'absence de nombreuses données qui ne sont disponibles qu'annuellement (par exemple, les données fiscales). Les comptes trimestriels seront donc calculés dans un cadre moins détaillé que les comptes annuels, et avec une méthode économétrique.

La construction des comptes trimestriels

La construction des comptes trimestriels du passé consiste en une *trimestrialisation des comptes annuels* à l'aide de l'information infra-annuelle disponible. Elle repose sur un principe simple, mais dont l'application est complexe : associer à chaque opération d'un compte un *indicateur* dont l'évolution peut être considérée comme représentative de celle de l'opération.

La méthode de calcul des comptes trimestriels va être décrite sur l'exemple de la trimestrialisation des achats d'automobiles à prix constants par les ménages. Le calcul annuel utilise le fichier des cartes grises, très détaillé suivant le type et la marque du véhicule. Mais on dispose par trimestre (et même par mois) d'un indicateur synthétique : le nombre total des immatriculations de véhicules particuliers neufs. Si l'on porte sur le même graphique la série des comptes annuels (en millions d'euros à prix constants) et la série annualisée de l'indicateur (en centaines de véhicules), on constate (heureusement !) des évolutions semblables, que l'économétrie permet de quantifier, en général par une simple fonction linéaire.

Graphique 10. **Un exemple de comparaison graphique indicateur/compte**

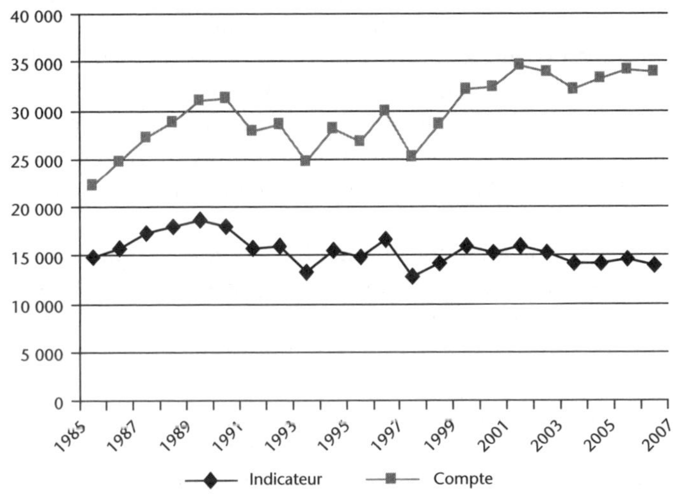

Le calcul se fait en deux étapes. On estime la régression en termes annuels entre CA, la série de compte (dans l'exemple, les achats de véhicules), et IA, la série de l'indicateur annualisé (dans l'exemple, le nombre des immatriculations de voitures particulières neuves) :

$$CA = a \times IA + b + EA \text{ (écarts)}$$

Cette première étape est l'*étalonnage*.

On fait ensuite l'*hypothèse fondamentale* que cette relation estimée en annuel est valable en trimestriel et on définit alors le montant du « compte trimestriel étalonné » cte pour chaque valeur de l'indicateur trimestriel it par :

$$cte = a \times it + b/4$$

Mais, si on additionne quatre par quatre ces comptes trimestriels étalonnés, on n'obtient pas exactement la série annuelle CA, à cause de la série des écarts EA de la régression. Il faut ajouter un « lissage » (une fonction régulière) de ces écarts pour obtenir le compte trimestriel calé sur le compte annuel :

$$\tilde{c}t = a \times it + b/4 + L(EA)$$

Cette seconde étape est le *calage.*

Cette procédure appelle trois remarques :

1) la régression est estimée en termes annuels, c'est-à-dire qu'elle est neutre vis-à-vis de la saisonnalité. On peut ensuite l'utiliser avec des indicateurs bruts (B) ou corrigés des variations saisonnières (CVS) ou corrigés des variations saisonnières et des jours ouvrables (CVSCJO) et obtenir des comptes trimestriels bruts, CVS ou CVSCJO. Ces derniers ne vérifient plus strictement la cohérence annuelle ;

2) si la régression est estimée correctement, les coefficients obtenus sont utilisables sur la période d'estimation, mais aussi en prévision sur l'année en cours pour laquelle aucun compte annuel n'est encore établi : à mesure que les indicateurs sont connus, on peut calculer des comptes trimestriels, et avec la somme de quatre trimestres, obtenir une estimation précoce du futur compte annuel ;

3) à cause de la méthode de calcul, les comptes trimestriels n'ont jamais de version définitive. Ils sont susceptibles d'être modifiés pour trois raisons principales : les révisions des indicateurs, la CVS-CJO des indicateurs, la prise en compte d'une nouvelle année de comptes annuels. Mais, en pratique, il n'y a de modifications significatives que sur les trois dernières années.

Pour l'ensemble des comptes trimestriels (TES et TEE), il existe environ 3 000 indicateurs, et donc 3 000 régressions comme ci-dessus, plus toutes les agrégations et les équilibres comptables, mais toute la chaîne est entièrement informatisée.

Depuis la base 1995, la construction du compte provisoire, dans sa partie « biens et services », s'appuie largement sur les comptes trimestriels disponibles plus rapidement.

Le système des comptes nationaux

Le tableau 39 présente l'ensemble du système des comptes nationaux tel qu'il existe aujourd'hui en France. On distingue un cadre central et des éléments périphériques. En amont du cadre central se trouve le SIE-ESANE des données d'entreprises. En aval, on trouve les

Tableau 39. **Le système de comptabilité nationale**

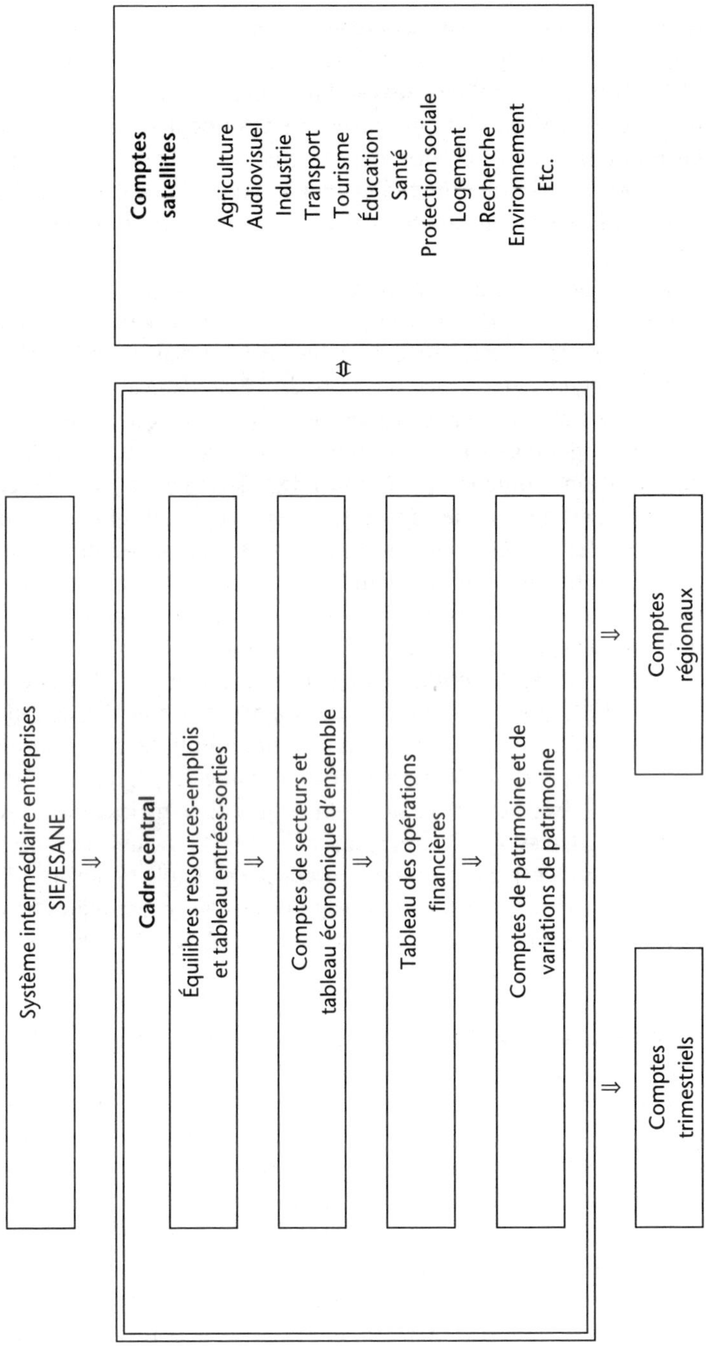

comptes trimestriels et les *comptes régionaux*. Ces derniers sont très importants politiquement (c'est la base du calcul des subventions de l'UE aux régions « défavorisées »). En France, tradition jacobine oblige, ils sont assez sommaires et consistent essentiellement en une ventilation de la VA en fonction des effectifs, et de la consommation en fonction de la population totale, pour les vingt et une régions métropolitaines. Il existe par ailleurs des comptes distincts pour chacun des DOM.

En parallèle avec le cadre central, les *comptes satellites*, dont les principaux sont indiqués dans le tableau 39, rassemblent l'information nécessaire à la connaissance, l'analyse et la préparation des décisions dans de grands domaines d'action de l'État (éducation, santé, protection sociale, recherche, mais aussi informatique, télécommunications, logement...). Ils s'appuient sur l'expérience acquise pour l'élaboration annuelle des comptes de l'artisanat, du commerce, des transports et, surtout, de l'agriculture (ceux-ci jouent un rôle important dans les relations entre l'État et les groupes sociaux correspondants). Les comptes satellites sont cohérents avec le cadre central dont ils développent certains aspects et contiennent des informations monétaires et non monétaires sur les facteurs de production (personnel, infrastructures...) et sur les *bénéficiaires* (malades, étudiants...). Du côté monétaire, ils distinguent les financeurs de la dépense, le domaine de celle-ci et les bénéficiaires. Ainsi, *Les Comptes de la santé* (publiés chaque année par la Drees dans *Études et Résultats*) présentent une description des 10 % du PIB de la *dépense courante de santé*. En ce qui concerne le compte satellite du logement, il est à la fois un compte satellite, mais aussi un fournisseur de données d'entrée du compte central (par exemple les loyers, effectifs et imputés). Il est tout à fait dommage que les comptes satellites ne soient pas plus utilisés pour animer le débat sur les politiques publiques.

La population et l'emploi

Les données de population et d'emploi ne font pas directement partie de la comptabilité nationale, mais elles sont nécessaires pour calculer et interpréter certains agrégats dérivés de la CN et elles figurent donc sur le site des comptes nationaux.

En matière de PIB, de production et d'emploi, on devrait en principe retenir des mesures « intérieures », c'est-à-dire en comptant les personnes qui travaillent en France, alors qu'en matière de RNB, de revenu et de consommation ce sont des mesures « résidentes », c'est-à-dire en

Les unités de consommation

Pour comparer les niveaux de vie de ménages de taille ou de composition différente, on utilise une mesure du revenu corrigé par unité de consommation à l'aide d'une échelle d'équivalence. L'échelle actuellement la plus utilisée (dite de l'OCDE) retient la pondération suivante : 1 UC pour le premier adulte du ménage, 0,5 UC pour les autres personnes de quatorze ans ou plus, 0,3 UC pour les enfants de moins de quatorze ans.
Méthode de calcul du nombre total des UC de la population française :

— Nt = population totale ;
— Ne = nombre d'enfants de moins de quatorze ans dans la population ;
— Nm = nombre de ménages.

Avec l'échelle de l'OCDE, on a :
Total UC = Nm × 1 + (Nt – Ne – Nm) × 0,5 + Ne × 0,3
Application numérique avec les données du recensement de 1999 :
Nt = 58 520 688 ; Nm = 23 810 161 ; Ne = 10 449 339
D'où Total UC 1999 = 23 810 161 + 12 130 594 + 3 134 802 = 39 075 557

comptant les personnes qui résident en France, qui conviennent. La différence provient des travailleurs frontaliers : en 2007, 320 000 résidents français travaillent à l'étranger, mais seulement 11 000 non-résidents travaillent en France.

Les données de *population* sont utilisées dans les tableaux 36 et 37 (p. 133 et 134) qui présentent respectivement des PIB et des RNB par habitant. Elles interviennent aussi dans des variantes du RDB des ménages et de leur pouvoir d'achat : en plus du RDB global, on calcule un RDB par tête, un RDB par ménage et un RDB par unité de consommation.

Compte tenu des évolutions lentes des données démographiques, les différentes séries de pouvoir d'achat du RDB ont des profils parallèles, avec toujours la même position relative : l'évolution la plus forte est la mesure globale, la plus faible celle par ménage, entre les deux, et toujours très proches l'une de l'autre, les évolutions par tête et par UC.

Tableau 40. **Évolution du pouvoir d'achat du RDB : global, par tête, par UC et par ménage**

	2000	2001	2002	2003	2004	2005	2006	2007	2008	2009	2010
Global	3,0	3,1	3,3	0,7	2,3	1,3	2,5	3,0	0,4	1,3	0,8
Par tête	2,3	2,4	2,6	0,0	1,6	0,5	1,8	2,4	– 0,2	0,7	0,2
Par UC	2,2	2,3	2,4	– 0,1	1,6	0,6	1,9	2,4	– 0,3	0,6	0,1
Par ménage	1,6	1,7	1,9	– 0,6	1,0	0,0	1,3	1,9	– 0,6	0,2	– 0,2

Les données d'*emploi* portent sur l'emploi intérieur, par branches, en distinguant salariés et non-salariés. Les données proviennent principalement des déclarations annuelles de données sociales (DADS), remplies par les entreprises, source devenue quasi exhaustive depuis 2009 avec l'intégration des données relatives aux administrations et collectivités publiques, sous l'acronyme DADS-U (pour déclarations automatisées de données sociales unifiées).

À partir des séries en personnes physiques (PP), on calcule des séries en équivalent temps plein (ETP) en corrigeant les PP du temps partiel, de la multiactivité et du travail non déclaré. On calcule ensuite le volume d'heures travaillées (VHT) en multipliant les PP par la durée annuelle du travail (DAT), obtenue à partir de la durée hebdomadaire (DHT) corrigée des congés, des absences pour maladie, des grèves et des heures supplémentaires.

En divisant la VA en volume par les heures travaillées, on construit un indicateur de la productivité horaire du travail. En divisant la masse des salaires bruts par les effectifs en ETP, on obtient le salaire moyen par tête (SMPT) et, en la divisant par le volume d'heures, on obtient le salaire horaire moyen (SHM) dont l'évolution du pouvoir d'achat peut être comparée à celle de la productivité horaire.

Tableau 41. **Divers indicateurs relatifs à l'ensemble des salariés**

	1950	1960	1970	1980	1990	2000	2010
PP milliers	12 512	14 394	16 897	19 035	20 508	23 072	24 238
ETP milliers	11 939	13 653	15 873	17 922	19 319	21 183	22 401
DAT heures	1 899	1 869	1 761	1 628	1 502	1 400	1 362
VHT milliers d'heures	23 764	26 903	29 757	30 988	30 798	32 302	33 017
SMPT euros	409	1 145	2 809	9 826	19 350	24 771	32 502
PA du SHM	100	155	266	401	456	538	616
Productivité	100	161	328	517	735	1 092	1 386

Pour l'ensemble salariés + non-salariés, on peut calculer les quatre premiers de ces indicateurs ; les différences introduites par la prise en compte des non-salariés proviennent de la diminution du nombre des EI, notamment dans l'agriculture, et de la plus forte durée du travail.

Tableau 41 *bis*. **Divers indicateurs relatifs à l'ensemble salariés + non salariés**

	1950	1960	1970	1980	1990	2000	2010
PP milliers	19 279	19 981	21 262	22 631	23 588	25 386	26 679
ETP milliers	19 412	19 797	20 617	21 777	22 659	23 750	25 082
DAT heures	2 157	2 071	1 912	1 745	1 602	1 489	1 439
VHT milliers d'heures	41 581	41 371	40 660	39 495	37 779	37 794	38 379

VII / Utilisations et limites de la comptabilité nationale

La comptabilité nationale semble être arrivée à un palier d'achèvement avec le SCN 93, même si, bien sûr, elle va continuer à évoluer. Elle couvre une grande partie des activités économiques marchandes et non marchandes et elle est devenue le langage commun des économistes, des journalistes et des responsables politiques. La vague libérale des années 1980 a fait craindre le pire aux comptables nationaux, et d'ailleurs Margaret Thatcher a licencié un quart des effectifs de l'ONS, l'Insee anglais. Mais, au contraire, comme on l'a vu en Europe avec les « critères de Maastricht », la CN est un instrument indispensable des autorités publiques, même après la disparition de la planification gouvernementale, et le débat public s'en est aussi emparé en contestant certains aspects, voire l'ensemble, de la CN.

Utilisations de la comptabilité nationale

Dans chaque pays, on peut relever trois utilisations principales de la CN : détermination du cadre conceptuel et pratique des statistiques économiques et de leur présentation, soit au niveau macroéconomique (les budgets économiques servent de base à la préparation du budget), soit micro ou mésoéconomique (par exemple le calcul des pondérations pour l'agrégation des séries élémentaires de production ou de prix) ; cadrage des études sectorielles détaillées ; et organisation du développement du système statistique. Cette dernière fonction, d'adaptation et d'élargissement du système statistique de base, est particulièrement visible dans l'histoire de la création de la CN en France [Fourquet, 1980]. Elle s'est manifestée dans les pays d'Europe de l'Est qui, pour passer au SEC 95, à la suite de leur intégration à l'UE, ont aménagé leurs collectes de données en fonction des besoins des comptes nationaux.

Pour l'ensemble des pays, en plus des fonctions précédentes, la CN est l'instrument de l'harmonisation internationale à des fins de comparabilité. Cette dernière se décline sous trois modes distincts : comparabilité des résultats, des méthodes, des sources. En général, pour des raisons historiques, les sources sont différentes, donc aussi les méthodes de traitement, et c'est bien la seule comparabilité des résultats qui importe.

Dans l'Union européenne, ce souci de comparabilité est un objectif fondamental de tous les travaux de CN. De nombreux documents émanant de la Commission européenne, à travers Eurostat, organisent la comparabilité : le SEC 95, Intrastat (la directive sur le commerce intra-UE), des directives statistiques (statistiques de court terme sur les entreprises, indice des prix harmonisé), les critères de Maastricht et la procédure de déficit excessif... En ce qui concerne les comptes nationaux, la comparabilité est vérifiée régulièrement par le comité RNB qui examine les procédures suivies dans les pays et les classe en trois catégories : A méthodes satisfaisantes, B méthodes passables, C méthodes à améliorer, avec en général un calendrier précis pour l'abandon des méthodes C.

Les parités de pouvoir d'achat (PPA, voir p. 132) sont un instrument indispensable de la comparabilité finale.

Limites de la comptabilité nationale

La première de ces limites est celle de l'interprétation de la CN. De ce point de vue, la précision des définitions, évidemment indispensable, ne garantit rien. Les comptables nationaux eux-mêmes en sont bien convaincus, intitulant la première session du premier colloque de CN organisé par l'Association de comptabilité nationale, fondée en 1983 à l'initiative de l'Insee et de l'université Paris-I : *Que prétend mesurer la comptabilité nationale ? Le fait-elle ?* [Archambault et Arkhipoff, 1986]. Des questions auxquelles ce colloque ne répond pas vraiment, mais qui dénotent bien qu'en matière de CN, et malgré les avancées techniques réalisées depuis soixante ans, la question du sens n'est pas l'apanage de quelques universitaires en mal de métaphysique.

La rationalité des évaluations monétaires et des prix

Les opérations enregistrées dans les comptes sont exprimées en unités monétaires et correspondent, à chaque fois que c'est possible, à des prix de marché. La théorie économique dominante (dite « néoclassique ») enseigne que, dans des conditions à vrai dire très particulières (concurrence parfaite...), le rapport entre les prix de marché de deux biens est égal au rapport des « utilités marginales » de ces biens pour le consommateur et au rapport des « coûts marginaux » pour le producteur. Autrement dit, si une paire de bretelles vaut deux camemberts, c'est parce que l'utilité procurée à l'acheteur par la consommation d'une paire de bretelles supplémentaire est égale à celle qu'il retire de la consommation de deux camemberts supplémentaires, et que la production de ceux-ci coûte autant que la production de celles-là. Les relations hypothétiques qu'entretiennent ainsi les prix avec l'utilité justifient aux yeux de nombreux économistes l'opération qui consiste à additionner des valeurs, ce que les comptables nationaux ne cessent de faire dans leurs évaluations. Edmond Malinvaud, directeur de l'Insee jusqu'en 1987, fait remarquer que « c'est une opération hardie et imparfaitement justifiée ». C'est un euphémisme : le système réel des prix a souvent des rapports lointains avec l'idéal néoclassique.

En fait, l'unité monétaire n'est pas un étalon de mesure *construit*, c'est un étalon *imposé* par la nature du système économique. Si les évaluations monétaires sont rationnelles, c'est parce qu'elles expriment la réalité des relations marchandes et/ou monétaires sur lesquelles repose le fonctionnement de l'économie nationale. Que ces évaluations aient peu de rapport avec les exigences scientifiques est d'une certaine façon secondaire ; il importe en revanche d'admettre qu'elles sont bien un miroir des évaluations que la société engendre. La CN est moins scientifique que réaliste : elle additionne ce que la société additionne. Elle ne mesure pas au sens rigoureux du terme, ce qui supposerait l'existence d'un espace homogène du point de vue de l'étalon (par exemple, celui de la concurrence parfaite) ; la CN *ne mesure pas*, mais elle *enregistre*. Si l'enregistrement est monétaire, ce n'est pas seulement parce que « c'est commode » (comme le disent la plupart des manuels de CN), c'est plus fondamentalement parce que la monnaie est le vecteur de la transmission et du comptage de l'appropriable, le lien qui réalise (et sanctionne éventuellement) l'interdépendance d'unités économiques formellement indépendantes ; parce que, par la monnaie et par les prix, se révèle une équivalence sociale non « scientifique » mais bien réelle entre les produits, entre les activités. Les prix ont certes peu à voir avec les fantasmes axiomatisés des néoclassiques, mais à travers eux peuvent se lire les taux *effectifs* de substitution entre les produits, les activités, les « facteurs de production » ; des taux qui résultent au moins autant de rapports de pouvoir historiquement produits que d'utilités ou de coûts marginaux. Dans cette perspective, le fait que la CN privilégie les évaluations monétaires et marchandes, réduise le non-marchand socialement organisé (administrations) à du monétaire, et exclue tout ce qui résiste à cette réduction ou est socialement dévalorisé (production domestique), exprime tout simplement une hiérarchie produite par la société elle-même. C'est notre système économique qui rend à la fois « commodes » les évaluations monétaires et « sympathiques mais pas réalistes » les autres. Chasser le quantitatif au profit du monétaire et le qualitatif au profit du quantitatif n'est pas un principe de la CN, mais bien le résultat normal d'une économie marchande et monétaire dans laquelle les activités et leurs produits doivent nécessairement passer par la forme monétaire pour être socialement validés. Cela étant — très sommairement — dit, l'approche monétaire pose des problèmes redoutables même d'un point de vue purement technique, car les grandeurs enregistrées sont nécessairement nominales. Or la CN et ses utilisateurs veulent aller plus loin : saisir le « réel » derrière le nominal.

Le traitement de l'inflation

Le graphique 11 indique l'évolution du prix du PIB depuis 1950. Comme le suggère ce graphique, de nombreuses études ont été consacrées, jusqu'au début des années 1990, aux questions liées à la prise en compte de l'inflation et aux conséquences sur le calcul et l'interprétation des agrégats. L'inflation ayant fortement ralenti depuis, ces études semblent avoir suivi la même décroissance, bien que l'aspect conceptuel de la question reste fondamental, notamment dans l'analyse et le traitement des intérêts. Mais il est clair que l'ensemble du traitement de l'inflation devrait être réexaminé, en liaison avec une notion (à définir) de patrimoine en volume.

Le RDB des ménages. — Il est considéré traditionnellement comme un indicateur satisfaisant de l'évolution de la situation des ménages. La variation de son pouvoir d'achat est calculée en utilisant l'indice des prix à la consommation. Nous allons montrer que cette façon de prendre en compte les effets de l'inflation est très insuffisante, bien qu'elle bénéficie d'un consensus relatif depuis que les polémiques sur l'indice des prix ont quasiment disparu.

Graphique 11. **Évolution de l'indice de prix du PIB**

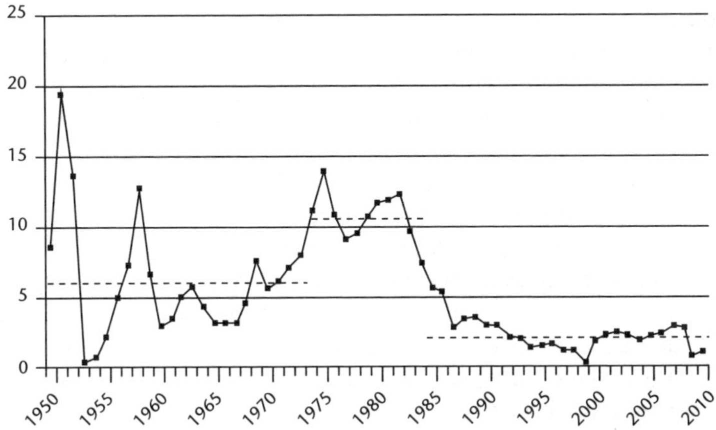

Presque tous les économistes sont d'accord — une fois n'est pas coutume — sur la célèbre définition du revenu donnée par J.-R. Hicks dans les années 1930 : « Le revenu d'une personne n'est autre que ce qu'elle peut consommer durant la semaine, tout en comptant être aussi riche à la fin de la semaine qu'au début » [Hicks, 1956 ; Vanoli, 2002, chapitre VIII].

Tout d'abord, il est clair que le RDB ou le RDAB ne sont pas une bonne approximation de cette notion parce qu'ils sont bruts, c'est-à-dire contiennent une consommation de capital fixe qui n'est manifestement pas un revenu. La présence de la consommation de capital fixe fait du RDB une mauvaise mesure du revenu, mais elle n'empêche pas, à court terme, l'*évolution* du RDB d'être un bon indicateur de l'*évolution* du revenu. Car la consommation de capital fixe représente une proportion quasi constante à court terme (environ 4 %) du RDB. Il n'en est pas du tout ainsi des effets de l'inflation que nous analysons maintenant.

Le point principal est le suivant. Le RDB des ménages comprend des intérêts (car ceux qu'ils reçoivent sont supérieurs à ceux qu'ils versent). Le montant de ces intérêts dépend de l'importance de leurs créances et de l'inflation. Lorsque l'inflation augmente, le taux d'intérêt s'élève de façon à dédommager (en partie) les prêteurs des pertes qu'ils subiront lorsque leurs créances leur seront remboursées dans une monnaie dévalorisée. « Une partie de l'intérêt joue donc en fait un rôle de remboursement », comme l'écrit Malinvaud (cité par J.-P. Milot, *in* Archambault et Arkhipoff [1986]). Autrement dit, les intérêts comprennent une prime pour dédommager le prêteur de la perte qu'il réalisera au moment du remboursement. Pour certains, l'erreur de la CN est ici patente : elle considère que cette prime augmente le RDB des ménages, mais elle « oublie » d'enregistrer la perte comme amputation de ce même revenu. D'où l'idée de n'enregistrer en intérêt que la partie correspondant au taux d'intérêt réel (au sens de la différence entre le taux d'intérêt effectif et le taux d'inflation). Mais, nouvelle difficulté, il arrive que ce taux d'intérêt réel soit négatif (ce fut le cas en France pendant très longtemps du taux sur les livrets A des caisses d'épargne). En fait ces remarques datent d'avant la construction des comptes de patrimoine, qui permettent de distinguer conceptuellement le revenu d'un actif de la perte de valeur de cet actif due à l'inflation (qui n'a pas la nature d'un revenu) : c'est l'objet de la partie réévaluation du compte de variation de patrimoine.

Les SNF. — La méconnaissance des effets de l'inflation sur le patrimoine financier non indexé a des conséquences contraires à celles que nous avons analysées pour les ménages. Car les SNF sont globalement plus endettées que créancières. Autrement dit, leur RBD (qui est aussi leur épargne brute) est sous-estimé lorsque l'inflation allège leurs dettes. La CN *sous-évalue donc l'évolution de leur profit retenu* (épargne) *lorsque l'inflation s'accélère et la surestime lorsque la hausse des prix fléchit* (voir le *Rapport sur les comptes de la nation* publié en juin 1984). Les calculs effectués pour tenir compte de cette érosion montrent que, de 1971 à 1989, le besoin de financement des SNF n'a pas été en moyenne de 6,5 % de leur VA comme l'affirment les comptes officiels, mais de 0,8 % ; et que le taux moyen d'autofinancement était de 103 % et non de 73 % ! Cette approche conduit à s'interroger sur la pertinence du diagnostic lorsque l'inflation varie assez fortement. C'est ainsi que, appréciée avec les méthodes traditionnelles, l'amélioration de la situation des SNF de 1986 à 1987 n'est pas négligeable : leur taux d'épargne augmente de 0,8 point. Mais la période voit un recul de l'inflation, donc de l'érosion automatique de leurs dettes. Si l'on tient compte de ce phénomène, le taux d'épargne (corrigé) recule de 0,8 point. La différence entre les deux évaluations est de 1,6 point de VA, c'est-à-dire plus de la moitié de l'épargne nette mesurée par les comptes. Autrement dit, l'amélioration de la situation des entreprises apparaît ici comme une illusion statistique qui masque une évolution de sens contraire. Il faut donc manier avec discernement les données obtenues à partir des ratios habituels (voir p. 74). Ces nuances doivent encore être accentuées lorsqu'on calcule la valorisation des stocks dans l'optique d'une analyse de la situation des SNF.

Des indicateurs alternatifs ?

Les délimitations actuelles de la CN peuvent être remises en question de deux manières différentes.

D'un côté, on peut essayer de chiffrer ce qui reste en dehors de la CN actuelle : le travail domestique, le temps de loisirs, la répartition entre les différentes catégories de ménages, et les différentes catégories d'entreprises, ainsi que le vaste sujet des relations entre l'économie et l'environnement (sur ce dernier point, voir encadré).

D'un autre côté, on peut juger que des éléments inclus dans la CN actuelle ne devraient pas y figurer. Divers chercheurs ont proposé d'exclure certaines dépenses, qu'ils ont qualifiées de dépenses « nuisibles » (le tabac, la consommation d'essence dans les embouteillages), de dépenses « défensives » (dépollution, santé hors prévention), voire de dépenses « négatives » (par exemple, les dépenses militaires selon James Tobin, prix Nobel d'économie, et père de la célèbre taxe sur les transactions financières... qu'il a reniée depuis).

Et toutes ces réflexions conduisent naturellement à la proposition d'indicateurs alternatifs.

La recherche d'indicateurs alternatifs n'est pas nouvelle : en 1972, Nordhaus et Tobin avaient déjà calculé un indicateur de bien-être économique (en valorisant le temps de loisir, le temps d'utilité sociale non salarié, l'accès aux services publics, en prenant en compte les variations du stock de richesses naturelles, de l'état de santé, du niveau d'éducation, etc.). Il en existe désormais une grande variété car les choix à effectuer sont nombreux : un indicateur synthétique, des indicateurs dédiés (tels que l'empreinte écologique) ou une batterie d'indicateurs ? S'il est synthétique, un indicateur obtenu par monétarisation des différentes grandeurs agrégées (par exemple, les « PIB verts » imputent les dépenses de réparation des dommages causés à l'écosystème), ou par pondération d'indices hétérogènes (espérance de vie, illettrisme, taux de pauvreté, etc.), comme c'est par exemple le cas pour les indicateurs du Pnud (IDH, IPH, IPF) ? Si l'on pondère, quelle dimension privilégier : économique, sociale (en particulier les inégalités), environnementale ? Doit-on intégrer des éléments subjectifs (enquêtes d'opinion) (sur les nouveaux indicateurs de richesse, voir Gadrey et Jany-Catrice [2007]) ?

Le SEEA

Le Système de comptabilité économique et environnementale intégrée (SCEEI), uniquement connu sous son acronyme anglais SEEA (pour *System of Environmental-Economic Accounts*), est le cadre statistique qui fournit les concepts, définitions, classifications, règles comptables et tableaux standard de production de statistiques comparables au niveau international sur l'environnement et sa relation avec l'économie. Le cadre du SEEA a une structure comptable similaire à celui du Système de comptabilité nationale (SCN) et utilise des concepts, définitions et classifications cohérents avec le SCN afin de faciliter l'intégration des statistiques économiques et environnementales.

Le SEEA est un système statistique qui organise les données statistiques afin de construire des indicateurs cohérents pour décrire, en flux et en stocks, en quantités physiques et/ou en valeur monétaire, les interactions entre l'économie et l'environnement, ainsi que l'état de l'environnement, afin de mieux informer la prise de décision. Le SEEA ne propose pas un indicateur global unique, il s'agit plutôt d'un système flexible qui engendre un large éventail de statistiques et d'indicateurs avec de nombreuses possibilités d'application.

Depuis 1993, date de la première version du SEEA, un processus pluriannuel de révision a été lancé par la Commission statistique des Nations unies. Après la seconde version 2003, le SEEA qui sera publié en 2012 se compose de trois parties : le *cadre central* composé de concepts, définitions, nomenclatures, règles comptables et tableaux ; les *comptes expérimentaux pour les écosystèmes* et les *extensions et applications* du SEEA qui seront publiés lorsqu'un consensus suffisant sera atteint parmi les chercheurs. Comme les comptes satellites du SCN, les sous-systèmes du cadre central du SEEA permettent d'approfondir certains domaines de ressources ou de secteurs spécifiques, notamment énergie, eau, pêche, terres et écosystèmes, agriculture. Ces sous-systèmes sont entièrement compatibles avec le cadre central SEEA, mais présentent plus de détails sur des sujets précis et essayent de construire des ponts entre la communauté des comptables et la communauté des experts dans chaque domaine.

À terme, il semble souhaitable que le cadre central du SCN intègre une partie du cadre central du SEEA.

Les résultats obtenus dépendent bien sûr beaucoup des hypothèses retenues, lesquelles reflètent souvent les valeurs de ceux qui les privilégient. Par contraste, l'un des intérêts du PIB est qu'il repose sur des conventions harmonisées à l'échelle internationale. Mais il ne sera jamais un indicateur de bien-être. Celui-ci dépend de nombreux facteurs (le temps libre, la qualité des relations sociales, le sentiment de sécurité, etc.) et des préférences des individus, qui ne sont ni observables ni agrégeables. On peut par exemple faire l'hypothèse d'une utilité marginale décroissante de la richesse monétaire, mais à partir de quel seuil et à quel rythme ? En démocratie, il ne revient certainement pas aux économistes ou aux comptables nationaux de définir le bien-être des individus. Au mieux, le PIB est un indicateur des biens et services produits et consommés, donc une mesure de l'*output* d'une économie et non de l'*outcome* pour les individus, ces deux termes pouvant se traduire respectivement par les « moyens » et les « résultats » (exemple d'*output* : les dépenses de santé ; exemple d'*outcome* : l'état de santé). Cet *outcome*-résultat dépend de l'usage qui en est fait dans un contexte sociohistorique donné (évolution des normes sociales de référence au cours du temps, qui déterminent les aspirations jugées légitimes et leur envers, le degré de frustration relative). C'est moins son utilité intrinsèque qui est en cause que les dérives de son exploitation médiatique et politique.

La question environnementale est différente. Une comptabilité de l'environnement devrait intégrer des externalités environnementales : une évaluation des coûts environnementaux, actuellement non supportés par l'économie, car non payés, permettrait ainsi de mesurer notre « consommation de nature ». Mais il conviendrait également de mesurer ce que la nature nous « donne gratuitement » (ce type de flux venant au contraire augmenter le PIB « vert » et notre « dette » envers la Nature).

Le lecteur trouvera un dossier consacré au développement durable sur le site de l'Insee à l'adresse :

http://insee.fr/fr/publications-et-services/default.asp?page=dossiers_web/dev_durable/developpement_durable.htm

Le PIB n'est pas, et ne prétend pas être, un indicateur de bien-être

Depuis longtemps, des interrogations croissantes se sont exprimées sur la pertinence des mesures actuelles de la performance économique, notamment celles fondées sur les chiffres du PIB. En outre, la remise en question de ces chiffres vise plus largement leur validité comme mesures du bien-être social, ainsi que du développement durable économique, écologique et social. « L'ensemble des phénomènes sociaux n'est pas réductible aux seules dimensions économiques : la comptabilité nationale, qui mesure en termes monétaires la création et les échanges de droits économiques, n'a pas pour objet de mesurer le bien-être, le bonheur ou la satisfaction sociale », indiquent les comptables

L'indicateur du développement humain (IDH)

Pour manifester que la mesure du développement ne saurait se réduire au PIB, le Pnud (Programme des Nations unies pour le développement) calcule un IDH depuis 1990. C'est un indicateur composite qui est la moyenne de trois indicateurs (pondérés de façon égale) :

— la longévité, mesurée par l'espérance de vie à la naissance ;

— le niveau d'éducation, mesuré à partir du taux d'alphabétisation des adultes (pour deux tiers de l'indicateur) et du taux brut de scolarisation (tous niveaux d'études confondus) (pour le dernier tiers) ;

— le niveau de vie, mesuré par le PIB réel corrigé par habitant.

La valeur de chacun de ces indicateurs est comprise entre 0 et 1 ; elle est proportionnelle à la position du pays par rapport au minimum et au maximum fixés par le Pnud pour chaque indicateur (vingt-cinq ans et quatre-vingt-cinq ans pour l'espérance de vie, 0 % et 100 % pour les taux, 100 dollars et 40 000 dollars pour le PIB). Un pays dont les habitants ont une espérance de vie de soixante-sept ans aura un indicateur de 0,7 car il se situe à 70 % de l'écart entre valeurs extrêmes (quarante-deux ans au-dessus de vingt-cinq ans, alors que l'écart est de soixante ans ; autrement dit (67 – 25) / (85 – 25) = 0,7).

Pour le niveau de vie, on obtient l'indicateur situé entre 0 et 1 par le même procédé, mais le PIB-PPA (voir p. 134) par habitant utilisé dans le calcul subit d'abord une correction. En effet, le Pnud fait l'hypothèse que le niveau de vie n'est pas strictement proportionnel au PIB mais augmente de moins en moins vite au fur et à mesure que le PIB par habitant s'élève. Autrement dit, comme

nationaux dans leur présentation des méthodes du SECN [Insee, 1985]. Ce type d'avertissement et les très nombreux travaux théoriques concluant à l'impossibilité d'une telle mesure n'ont en fait jamais empêché les hommes politiques, ni certains économistes, d'assimiler le PIB ou le revenu national par tête à un indicateur de bien-être [Arkhipoff, 1976 ; OCDE, 2001 ; Vanoli, 2002].

La commission Stiglitz

En réponse à ces interrogations, le gouvernement français a décidé, début 2008, la création de la *Commission sur la mesure de la performance économique et du progrès social* pour examiner l'ensemble des problèmes soulevés. Son but était d'identifier les limites du PIB comme indicateur de performance économique et de progrès social, d'examiner quel supplément d'information est nécessaire pour produire une image plus pertinente, de discuter quelle en serait la présentation la plus appropriée, et de vérifier la faisabilité des instruments de mesure producteur de bien-être, le PIB a un rendement décroissant : lorsque le PIB par tête augmente de n %, le niveau de vie s'élève, mais de moins de n % ; en d'autres termes, l'utilité d'une unité supplémentaire de PIB — l'utilité marginale, disent les économistes — est décroissante. Pour introduire techniquement cette idée, les concepteurs de l'IDH remplacent le PIB-PPA par tête par son logarithme. Quand le PIB par habitant passe de 100 dollars (minimum envisagé par le Pnud) à 1 000 dollars, puis à 10 000 dollars, le logarithme passe donc de 2 à 3, puis à 4. Lorsque le PIB est multiplié une première fois par 10, son logarithme est donc multiplié par 1,5 ; lorsqu'il l'est une deuxième fois, ce dernier est multiplié par 1,33 (le logarithme d'un nombre est la puissance à laquelle il faut élever 10 pour retrouver le nombre : $10^2 = 100$; $10^3 = 1\,000$). Pour le maximum du PIB par tête fixé à 40 000 dollars, le logarithme est 4,6. Ramené de 0 à 1, l'indicateur s'écrit pour un PIB par habitant égal à y :

$$W(y) = (\log y - \log 100) / (\log 40\,000 - \log 100) = (\log y - 2)/2{,}6.$$

La démarche de l'IDH présente l'intérêt de manifester que le développement ne peut être ramené au PIB et que, s'il ne se réduit pas à du quantitatif, il peut néanmoins être quantifié. Le tableau indique ainsi que des IDH de valeurs voisines peuvent être atteints avec des niveaux de PIB sensiblement différents.

On trouvera dans le tableau 37 (p. 134), qui présente le classement d'une trentaine de pays selon leur RNB PPA par habitant en 2009, le classement des mêmes pays selon leur IDH 2011 (qui est calculé en principe avec les données de 2009).

Source : Pnud, *Human Development Report 2011*, www.unpd.org.

proposés. Le travail de la commission ne se limite ni à la France ni aux pays développés. Le résultat des travaux de la commission a été rendu public pour que tous les pays ou groupes de pays intéressés puissent s'en inspirer.

La commission était présidée par le professeur Joseph E. Stiglitz, de l'université de Columbia. Le professeur Amartya Sen, de l'université de Harvard, était conseiller du président. Le professeur Jean-Paul Fitoussi, de l'Institut d'études politiques de Paris, président de l'Observatoire français des conjonctures économiques (OFCE), était coordinateur de la commission. Mais elle est couramment appelée plus simplement Commission Stiglitz. Les membres de la commission sont des experts reconnus, venant du monde universitaire et des organisations gouvernementales ou intergouvernementales, et de plusieurs pays (États-Unis, France, Royaume-Uni, Inde). Les rapporteurs et le secrétariat ont été mis à la disposition de la commission par l'Insee, l'OFCE et l'OCDE.

La commission a tenu sa première réunion plénière les 22 et 23 avril 2008. Son rapport final a été rendu public le 14 septembre 2009, et est disponible à l'adresse : www.stiglitz-sen-fitoussi.fr/fr/index.htm.

Les recommandations de la Commission Stiglitz

Sous-groupe 1. Développements autour du produit intérieur brut

1) Dans le cadre de l'évaluation du bien-être matériel, se référer aux revenus et à la consommation plutôt qu'à la production.

2) Mettre l'accent sur la perspective des ménages.

3) Prendre en compte le patrimoine en même temps que les revenus et la consommation.

4) Accorder davantage d'importance à la répartition des revenus, de la consommation et des richesses.

5) Élargir les indicateurs de revenus aux activités non marchandes.

Sous-groupe 2. Qualité de la vie

6) La qualité de la vie dépend des conditions objectives dans lesquelles se trouvent les personnes et de leur « capabilités » (capacités dynamiques). Il conviendrait d'améliorer les mesures chiffrées de la santé, de l'éducation, des activités personnelles et des conditions environnementales. En outre, un effort particulier devra porter sur la conception et l'application d'outils solides et fiables de mesure des relations sociales, de la participation à la vie politique et de l'insécurité, ensemble d'éléments dont on peut montrer qu'il constitue un bon prédicteur de la satisfaction que les gens tirent de leur vie.

7) Les indicateurs de la qualité de la vie devraient, dans toutes les dimensions qu'ils recouvrent, fournir une évaluation exhaustive et globale des inégalités.

8) Des enquêtes devront être conçues pour évaluer les interrelations entre les différents aspects de la qualité de la vie, et les informations obtenues devront être utilisées lors de l'élaboration des politiques publiques.

9) Les instituts de statistique devraient fournir les informations nécessaires pour agréger les différentes dimensions de la qualité de la vie, et permettre ainsi la construction de différents indices.

10) Les mesures du bien-être, tant objectif que subjectif, fournissent des informations essentielles sur la qualité de la vie. Les instituts de statistique devraient intégrer à leurs enquêtes des questions visant à connaître l'évaluation que chacun fait de sa vie, de ses expériences et de ses priorités.

Sous-groupe 3. Développement durable et environnement

11) L'évaluation de la soutenabilité nécessite un ensemble d'indicateurs bien défini. Les composantes de ce tableau de bord devront pouvoir être interprétées comme des variations de certains « stocks » sous-jacents. Un indice monétaire de soutenabilité a sa place dans un tel tableau de bord ; toutefois, en l'état actuel des connaissances, il devrait demeurer principalement axé sur les aspects économiques de la soutenabilité.

12) Les aspects environnementaux de la soutenabilité méritent un suivi séparé reposant sur une batterie d'indicateurs physiques sélectionnés avec soin. Il est nécessaire, en particulier, que l'un d'eux indique clairement dans quelle mesure nous approchons de niveaux dangereux d'atteinte à l'environnement (du fait, par exemple, du changement climatique ou de l'épuisement des ressources naturelles ou halieutiques).

Les suites données à ce rapport, notamment par l'Insee, ont été présentées lors d'un colloque le 12 octobre 2011 et sont disponibles sur : www.insee.fr/fr/publications-et-ervices/default.asp?page=dossiers_web/stiglitz/performance_eco.htm

Les deux développements suivants de la comptabilité nationale en France, bien qu'antérieurs à la Commission Stiglitz, correspondent à ses recommandations.

La mesure de la production domestique

Les études sur ce sujet considèrent généralement que la production domestique est celle qui résulte d'un travail accompli dans le cadre de la famille et nécessaire au déroulement de la vie quotidienne dans les normes sociales actuelles. Les évaluations limitent le champ de cette production aux services qui pourraient être accomplis par une personne rémunérée. C'est évidemment la valorisation du travail domestique qui pose le plus de problèmes.

Pour 1974, selon l'enquête Emploi du temps, on estime en France à 48,1 milliards d'heures le travail domestique (féminin à 77 %), soit 17 % de plus que le travail professionnel. Sa valorisation au moyen de salaires fictifs peut être faite :

— au *coût d'opportunité* : rémunération qu'obtiendrait dans la vie professionnelle la personne qui accomplit un travail domestique ; la vaisselle faite par une avocate vaut alors plus que celle exécutée par une ouvrière. Le *manque à gagner* ainsi calculé correspond à 44 % du PIB en 1975 (68 % avec les charges sociales) ;

— au *prix de marché du travail équivalent* : si on considère que le travail domestique aurait pu être accompli par une employée de maison payée au smic, le *manque à gagner* peut alors être évalué à 28 % du PIB (44 % avec les charges sociales) ; ces chiffres passent à 37 % et 57 % si l'on valorise avec les taux de salaire de personnels qualifiés pour chaque activité (puéricultrice, infirmière, cuisinière...).

Comme le soulignent les auteurs de la principale évaluation française, il est clair que chaque méthode repose sur un scénario implicite dont la réalisation transformerait l'équilibre économique et les niveaux des salaires utilisés pour les évaluations (voir Chadeau et Fouquet [1981]. L'étude a été reprise à partir de l'enquête Emploi du temps 1998, avec des résultats similaires, et elle le sera à nouveau à partir de l'enquête 2010, pour publication début 2012).

Revenu, consommation et épargne par catégorie de ménages

Le revenu moyen, la consommation moyenne et l'épargne moyenne des ménages sont des données statistiques importantes, notamment pour comparer les niveaux de vie entre différents pays. Néanmoins, ces données doivent être enrichies par des informations sur leur répartition, afin d'appréhender les disparités entre ménages et de rapprocher les mesures macroéconomiques des situations individuelles.

Dans l'étude relative aux « Revenu, consommation et épargne par catégorie de ménages en 2003 », quatre critères de distinction entre les ménages ont été retenus pour analyser les disparités : le niveau de vie (appréhendé *via* les quintiles de revenu disponible par unité de consommation), la composition du ménage, l'âge de la personne de référence du ménage et sa catégorie socioprofessionnelle. Le revenu disponible, la dépense de consommation et le taux d'épargne de l'année 2003 peuvent ainsi être comparés pour différentes catégories de ménages.

Par ailleurs, les ménages bénéficient de biens et services individuels (enseignement, soins médicaux ou aide au logement) fournis gratuitement ou à des prix très bas, essentiellement par les administrations publiques. Ces consommations individualisables incluses dans les dépenses des administrations publiques s'ajoutent aux dépenses de consommation pour former la consommation finale effective des ménages. Symétriquement, le revenu disponible ajusté inclut ces transferts sociaux en nature. Des résultats complémentaires présentent une décomposition du revenu disponible ajusté et de la consommation effective selon les quatre mêmes critères.

Les décompositions ont été réalisées à l'aide de plusieurs enquêtes de l'Insee relatives aux ménages. Ces dernières portent pour la plupart sur le seul champ des ménages ordinaires de métropole. Les tableaux décomposés par catégorie de ménages correspondent donc à ce champ strict. Un tableau récapitulatif complémentaire offre des références sur le champ de la comptabilité nationale qui inclut également les personnes vivant en collectivité et la population des DOM.

On trouvera plus de détails sur : www.insee.fr/fr/indicateurs/cnat_annu/base_2000/documentation/methodologie/methodologie_cpte_menage_2003.pdf

Graphique 12. **Comptes par catégorie de ménages en 2003**
(un exemple, structure du revenu disponible selon le niveau de vie)

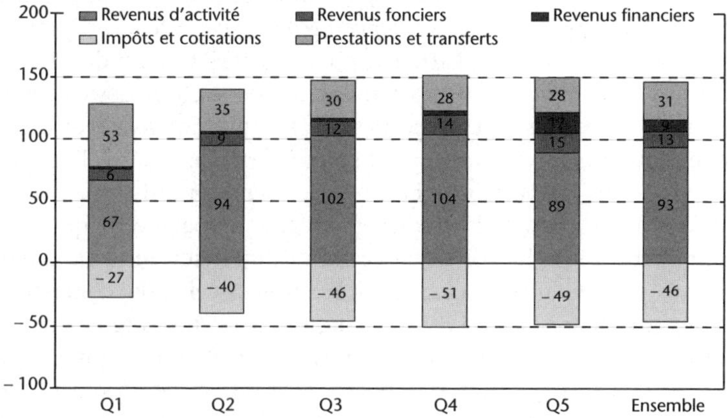

La comptabilité nationale comme pratique sociale

La CN n'est pas une activité ludique « gratuite », mais une pratique sociale ; son développement apparemment irrésistible ne peut être réduit à un mouvement endogène d'expansion du savoir, mais doit être aussi interprété comme un symptôme et un instrument du changement du rôle de l'État dans l'économie. Cela est particulièrement net en France comme on peut en juger par le titre du livre qui décrit l'histoire de la création de la CN : *Les Comptes de la puissance* [Fourquet, 1980].

La croissance initiale rapide de la CN en France est liée au consensus idéologique de l'après-guerre : l'État doit réguler l'activité économique. Dans ce contexte, la CN se constitue d'abord comme instrument de préparation des décisions de la politique économique à court terme : l'objectif principal est de permettre l'élaboration des *budgets économiques*. Ceux-ci cherchent à décrire l'évolution de l'économie pour l'année en cours (budget prévisionnel) et pour l'année suivante (budget exploratoire). Ils doivent permettre de déceler les déséquilibres économiques éventuels, d'en analyser les facteurs, et d'étudier les effets des différentes mesures correctrices envisageables. Les budgets économiques sont établis grâce à des modèles économiques qui permettent de simuler les enchaînements macroéconomiques compte tenu des comportements habituels moyens observés (notamment grâce à la CN) et de certaines hypothèses relatives à l'environnement international et à la politique économique. Les budgets économiques sont annexés au *Rapport économique et financier* présenté par le gouvernement au Parlement avec le projet de loi de finances déposé à l'automne. On leur a souvent reproché d'être des « comptes politisés » reposant sur des hypothèses *ad hoc* quant au succès de la politique économique, de correspondre plus à des objectifs irréalistes qu'à des prévisions raisonnables. En 1976, le Premier ministre, Raymond Barre, écrit au journal *Le Monde* : « J'imagine mal que ceux qui ont la responsabilité de la politique économique inscrivent dans leurs tableaux économiques des valeurs différentes de celles qui concrétisent leur ligne d'action. La prévision économique est nécessairement normative. » On ne saurait être plus clair sur l'articulation du savoir et du pouvoir (le compte rendu des dix ans de controverses entre *Le Monde* et le gouvernement est dans Fourquet [1980] ; sur les relations CN-modèles économiques, voir Boyer, *in* Affichard [1987] et Vanoli [2002]).

La volonté planificatrice de l'après-guerre a fortement marqué la CN française. Cette dernière est inextricablement une condition et un résultat de la planification (indicative) à la française qui ne requiert pas seulement des informations macroéconomiques, mais aussi des données mésoéconomiques, intermédiaires (méso) entre la micro et la macro : d'où le développement de comptes entièrement articulés et d'une information assez riche sur l'équilibre ressources-emplois par produit. C'est dans ce contexte de budgets économiques et de planification (et non dans le cadre d'un débat sur la théorie de la valeur) qu'il faut situer la limitation par la CN jusqu'en 1975 de la notion de production à la seule sphère marchande de l'économie. La CN devait aider l'État à réguler et à organiser les flux marchands ; les administrations étaient perçues comme importantes pour leurs relations avec la sphère marchande (prélèvements et dépenses) et non pour les services rendus à la collectivité ; les banques étaient conçues comme fondamentalement improductives, réduites à un rôle de simples intermédiaires financiers sous la coupe de la Direction du Trésor du ministère des Finances ; quant aux ménages, il ne leur était assigné (le SCN 93 maintient pour l'essentiel cette conception) qu'une fonction très keynésienne d'agents économiques se limitant à recevoir des revenus et à les dépenser.

Au cours des années 1980 et 1990, certains économistes ont proposé d'en revenir à une notion purement marchande de la production : une conception très « libérale » de l'économie s'accommode mal du fait que la CN affirme que les administrations produisent. Question finalement secondaire à côté des menaces que fait peser l'idéologie des ultralibéraux sur la CN elle-même. Qu'importe l'évaluation d'agrégats, si, comme le soutenait Hayek, toute macroéconomie est illusoire [Dostaler, 2001, chapitre III] ? Qu'importe la connaissance précise des performances économiques, de la répartition des revenus, des effets de l'inflation, etc., dès lors que les mécanismes du marché garantissent efficacité et équité, comme ces économistes le croient ? Pourquoi alors maintenir une institution — la CN — qui fait moins les comptes (d'ailleurs impossibles) du bien-être que les « comptes de la puissance » [Fourquet, 1980] et constitue un instrument de connaissance donc de pouvoir au service de l'État ? Ces menaces de régression ne nous semblent pas réelles : dans nos sociétés complexes, qu'il se proclame ou non libéral, l'État ne peut détruire son tableau de bord ; surtout lorsque celui-ci ne contient pas d'indications indiscrètes sur les rapports de pouvoir qui constituent ces sociétés.

Conclusion

Technique de synthèse statistique, la CN fournit une représentation quantifiée de l'économie dans un cadre comptable équilibré. À juste titre, on souligne souvent les avantages dus à la cohérence du cadre comptable et des chiffres présentés ; c'est indubitablement celle-ci qui fait de la CN un outil de premier ordre pour l'analyse économique. La nécessité de la cohérence est aussi un moyen d'améliorer les sources statistiques parce qu'elle en fait apparaître les lacunes et les contradictions. Mais la représentation comptable risque de conduire à de graves erreurs si on l'utilise en oubliant qu'elle ne peut renvoyer qu'à une cohérence interne, c'est-à-dire à une vérité formelle reposant exclusivement sur les conventions de départ. Pour interpréter la CN, il faut éviter les pièges dans lesquels il est d'autant plus facile de tomber que la représentation comptable est séduisante.

L'ordre et le découpage des comptes sont d'autant plus trompeurs qu'ils rejoignent le bon sens : la production précède la répartition des revenus qui est elle-même logiquement antérieure à la consommation ; ce qui reste permet l'investissement, le déficit ou l'excédent étant comblé ou absorbé par les opérations financières. Ce bon sens est dangereux car il conduit à une illusion de savoir qui est un des principaux obstacles à la connaissance, comme le disait jadis Gaston Bachelard. Au plan macro, on sait depuis Keynes que le niveau de production est lié aux comportements de consommation ; que la production n'est pas indépendante de la répartition, etc. Au niveau micro, il est clair, par exemple, que la production elle-même n'est pas indépendante des opérations financières (aucune firme ne produit sans crédits préalables), qu'il en est de même des investissements (y compris ceux des ménages en logements), etc.

A posteriori, bien évidemment, la représentation comptable permet de *constater* que les ressources égalent les emplois, que l'épargne nationale égale l'investissement national (aux relations avec le reste du monde près), etc. Mais les équilibres retracés n'ont pas le pouvoir d'expliquer des mécanismes économiques dont ils ne présentent que les traces monétaires. Les soldes comptables peuvent aussi être trompeurs : pour les ménages fortement endettés, par exemple, l'épargne n'est pas un solde (ce qu'il reste du revenu après consommation) ; c'est la consommation qui est le vrai solde, c'est-à-dire ce qu'ils peuvent dépenser de leurs revenus après avoir épargné pour rembourser. La CN pourrait faire croire que le réel est constitué de compartiments articulés par des soldes ou que les relations marchandes ou monétaires sont les seuls rapports économiques. La mise en ordre à laquelle procède la CN ne dispense pas du nécessaire effort d'analyse. Les relations comptables ne sont pas des relations de causalité.

L'architecture et les notions de la CN sont des constructions intellectuelles qui dépendent de conceptions économiques théoriques souvent peu explicitées, des instruments d'observation utilisables et des besoins de la politique économique et de l'État (principal financeur). Le succès de la CN a un effet pervers : il finit par transformer ce schéma et ces notions en objets réels, et tout ce qui ne figure pas dans la CN n'a pas d'existence reconnue. La gigantesque banque de données qu'est devenue la CN est alors perçue comme le réel lui-même, alors qu'elle n'est qu'une mise en scène (une représentation) des traces monétaires laissées par le mouvement des rapports économiques. Le succès de la CN est tel que ses catégories deviennent des normes sociales intouchables. La CN serait-elle la seule représentation légitime de l'économie ?

Repères bibliographiques

Méthodes

SCN 93 [1993], *Système de comptabilité nationale 1993*, ONU. Manuel préparé sous les auspices du Groupe de travail intersecrétariat sur la comptabilité nationale associant la Commission des Communautés européennes, le FMI, l'OCDE, l'ONU et la Banque mondiale.

SEC 95 [1996], *Système européen des comptes, SEC 1995*, Eurostat, Luxembourg.

INSEE [2007, actualisée en décembre 2009], *Inventaire des sources et des méthodes pour le calcul du revenu brut de la France (base 2000)*, n° 9 de Méthode base 2000, Insee, Banque de France, Trésor public, Paris.

— [2011], *Les Comptes nationaux passent en base 2005*, à lire sur : www.insee.fr/fr/indicateurs/cnat_annu/base_2005/methodologie/comptes-nationaux-base-2005.pdf.

Histoire

FOURQUET F. [1980], *Les Comptes de la puissance. Histoire de la comptabilité nationale et du plan*, Recherches, « Encres », Paris.

VANOLI A. [2002], *Une histoire de la comptabilité nationale*, La Découverte, « Grands Repères/Manuels », Paris. La référence mondiale. André Vanoli, l'un des « pères » de la comptabilité nationale contemporaine, a réalisé un incroyable exploit. Peut être considéré aussi comme un manuel avancé. Cette somme devrait favoriser un renouvellement de l'enseignement de la CN et stimuler les chercheurs.

Études et ouvrages

AUGERAUD P. [2001], *Le Passage de la comptabilité d'entreprise aux comptes nationaux*, Méthode base 95, Insee, Banque de France, Trésor public, Paris.

AUGERAUD P. et BRIOT L. [1999], *Le Système intermédiaire d'entreprises*, n° 2 de Méthode base 95, Insee, Banque de France, Trésor public, Paris.

BAUDELOT C., ESTABLET R. et TOISIER J. [1979], *Qui travaille pour qui ?*, Maspero, « Cahiers libres », Paris. Une application décapante de la comptabilité en temps de travail.

GADREY J. et JANY-CATRICE F. [2007], *Les Nouveaux Indicateurs de richesse*, La Découverte, « Repères », Paris, nouvelle édition.

GALLAIS A. [1995], « Révisions et précision des comptes nationaux français », *Économie et Statistique*, n° 285-286, mai-juin.

LEQUILLER F. [1997], « L'indice des prix à la consommation surestime-t-il l'inflation ? », *Économie et Statistique*, n° 303.

— [2000], « La nouvelle économie et la mesure de la croissance », *Économie et Statistique*, n° 339-340. Excellent.

MAGNIEN F., TAVERNIER J.-L. et THESMAR D. [2002], « Les statistiques internationales de PIB par habitant en standard de pouvoir d'achat : une analyse des résultats », *Document de travail Insee*, G 2002/01.

MALINVAUD E. [1964], *Initiation à la comptabilité nationale*, Imprimerie nationale, Paris, 3e édition.

Autres références

AFFICHARD J. (dir.) [1987], *Pour une histoire de la statistique*, tome 2 : *Matériaux*, Economica/Insee, Paris. En 970 pages, 72 spécialistes racontent l'histoire des principaux instruments statistiques contemporains.

ARCHAMBAULT E. et ARKHIPOFF O. (dir.) [1986], *Études de comptabilité nationale*, Economica, Paris. Colloque de l'association de CN en 1984. Ensuite, un colloque tous les deux ans chez le même éditeur.

ARKHIPOFF O. [1976], « Peut-on mesurer le bien-être national ? », *Collections de l'Insee*, C 41, mars.

BARGE M. et MOYNE V. [1991], « Quelles utilisations pour nos importations ? », *Insee Première*, n° 120, janvier.

BERTHIER J.-P. [1999], « Les biens et les services dans la base 95 de la comptabilité nationale », *Économie et Statistique*, n° 321-322.

CAPRON M. [1993], *La Comptabilité en perspective*, La Découverte, « Repères », Paris. Une approche critique pertinente et pédagogique.

CHADEAU A. et FOUQUET A. [1981], « Peut-on mesurer le travail domestique ? », *Économie et Statistique*, septembre.

COMBEMALE P. [2010], *Introduction à Keynes*, La Découverte, « Repères », Paris, 4e édition.

DESROSIÈRES A. [2010], *La Politique des grands nombres. Histoire de la raison statistique*, La Découverte, « La Découverte/Poche », Paris. Passionnant.

DESROSIÈRES A. et THÉVENOT L. [2002], *Les Catégories socioprofessionnelles*, La Découverte, « Repères », Paris, 5e édition. Synthèse « incontournable » par les « pères » des nouvelles CSP.

DOSTALER G. [2001], *Le Libéralisme de Hayek*, La Découverte, « Repères », Paris.

Économie et Statistique [1990], dossier « L'avenir des retraites / La baisse de la lecture », n° 233, juin.

Guellec D. [2009], *Économie de l'innovation*, La Découverte, « Repères », Paris, nouvelle édition.

Guerrien B. [2002], *Dictionnaire d'analyse économique*, La Découverte, « Grands Repères/Dictionnaires », 3e édition, Paris.

Herpin N. et Verger D. [2008], *Consommation et modes de vie en France. Une approche économique et sociologique sur un demi-siècle*, La Découverte, « Grands Repères/Manuels », Paris. Un économiste et un sociologue font le point en mobilisant toutes les sources disponibles.

Hicks J.-R. [1956], *Valeur et capital*, Dunod, Paris, pour la traduction française.

Insee [1985], « Méthodes du SECN », *Collections de l'Insee*, C44, janvier.

— [1993], *Le Produit national brut*, Insee, « Insee-Méthodes », Paris, octobre. 456 pages sur les sources et méthodes de la base 80 ; donne un bon aperçu de certains des problèmes concrets à résoudre.

— [1994], Dossier « Comptabilité nationale », avec des contributions de J. Bournay, M. Braibant, R. Isnard, E. Malinvaud, J.-F. Minder et A. Vanoli, *Courrier des statistiques*, n° 69, mars.

— [1998], « La nouvelle base 95 », *Courrier des statistiques*, n° 87-88, décembre.

— [2002a], *L'Économie française. Rapport sur les comptes de la nation de 2001*.

— [2002b], « Comptes nationaux. Rapport sur les comptes de la nation 2001 », *Insee-Résultats*, n° 002.

— [2002c], « Extraits et tableaux des comptes de la nation 2001 », *Insee-Références*, n° 752, août.

Insee Première : présente chaque année, en mai et juin, une première synthèse des comptes de la nation de l'année précédente.

Jégourel Y. [2010], *Les Produits financiers dérivés*, La Découverte, « Repères », Paris, nouvelle édition.

Leontief W. [1941], *The Structure of the American Economy, 1919-1929. An Empirical Application of Equilibrium Analysis*, Harvard University Press, Cambridge.

Louvot-Runavot C. [2011], « L'évaluation de l'activité dissimulée des entreprises sur la base des contrôles fiscaux et son insertion dans les comptes nationaux », *Document de travail Insee*, G 2011/09, mai.

Madelin V. [1999], « Les comptes des secteurs institutionnels : de la base 80 à la base 95 », *Économie et Statistique*, n° 321-322.

OCDE [2001], *Du bien-être des nations : le rôle du capital humain et social*, OCDE, Paris.

OFCE [2011], *L'Économie française 2012*, La Découverte, « Repères », Paris. Chaque année, cet institut indépendant livre une mise en perspective accessible qui montre l'intérêt des résultats des comptes nationaux, y compris des comptes trimestriels.

Piketty T. [2008], *L'Économie des inégalités*, La Découverte, « Repères », Paris, 6e édition. Ne se contente pas de décrire les inégalités.

Piriou J.-P. [1992], *L'Indice des prix*, La Découverte, « Repères », Paris, 3e édition.

Piriou J.-P. et Clerc D. [2011], *Lexique de sciences économiques et sociales*, La Découverte, « Grands Repères/Manuels », Paris, 9e édition. Pour trouver rapidement des définitions de termes économiques absentes du présent ouvrage.

SAUVY A. [1968], « Un essai d'économie intégrale : la couverture de nos besoins par une population », *Population*, novembre. Les enjeux des comptabilités en temps de travail.

TEMAM D. [1998], « Vingt ans après, la comptabilité nationale s'adapte », *Économie et Statistique*, n° 318.

WAGNER C. [1995], « La prise en compte de l'économie au noir : l'exemple de la méthode italienne », *Économie et Statistique*, n° 285-286, mai-juin.

Sites Internet

Le site général de l'Insee, www.insee.fr

Pour les comptes nationaux, www.insee.fr/fr/themes/theme.asp?theme=16

Deux sites de réflexion et de débats sur la production et l'utilisation des comptes nationaux :

— le site de IARIW (International Association for the Research on Income and Wealth), fondée en 1947, colloques tous les deux ans depuis 1949, années paires depuis 1992, www.iariw.org

— le site de l'ACN (Association de comptabilité nationale), fondée en 1983 à l'initiative de l'Insee et de l'université Paris-I, colloques tous les deux ans depuis 1984, www.insee.fr/fr/insee-statistique-publique/default.asp?page=colloques/acn/acn.htm

Liste des abréviations et des sigles

ACN	Association de comptabilité nationale
ANFNP	Actifs non financiers non produits
APNM	Autre production non marchande
APU	Administrations publiques
BUF	Branche unité fictive
CAF	Coût assurance fret
CCF	Consommation de capital fixe
CE	Consommation finale effective
CEI	Comptes économiques intégrés
CI	Consommation intermédiaire
CITI	Classification internationale type par industrie
CN	Comptabilité nationale
CS	Cotisations sociales
CSP	Catégories socioprofessionnelles
DC	Dépense de consommation finale
EB	Épargne brute
EBE	Excédent brut d'exploitation
ECO	Économie nationale
EI	Entreprises individuelles
ESANE	Élaboration des statistiques annuelles d'entreprises
EX	Exportations
FAB	Franco à bord
FBC	Formation brute de capital
FBCF	Formation brute de capital fixe
FCP	Fonds commun de placement
GIE	Groupement d'intérêts économiques
IARIW	International Association for the Research on Income and Wealth
IDE	Investissement direct étranger
IDH	Indicateur du développement humain
IM	Importations

INSEE	Institut national de la statistique et des études économiques
IP	Impôts sur les produits
ISBLSM	Institutions sans but lucratif au service des ménages
MC	Marges commerciales
MT	Marges de transport
NACE	Nomenclature d'activités économiques des communautés européennes
NAF	Nomenclature d'activités française
OPCVM	Organisme de placement collectif en valeurs mobilières
P	Production
PCS	Professions et catégories socioprofessionnelles
PEFP	Production pour emploi final propre
PIB	Produit intérieur brut
PNB	Produit national brut
PO	Prélèvements obligatoires
PPA	Parité de pouvoir d'achat
RDAB	Revenu disponible ajusté brut
RDB	Revenu disponible brut
RDM	Reste du monde
RMI-RSA	Revenu minimum d'insertion-Revenu de solidarité active
RNB	Revenu national brut
RNDB	Revenu national disponible brut
SCN	Système de CN (ONU)
SD	Compte semi-définitif
SEC	Système européen des comptes
SECN	Système élargi de CN
SEEA	*System of Environmental-Economic Accounts*
SF	Sociétés financières
SI	Secteur institutionnel
SICAV	Société d'investissement à capital variable
SIE	Système intermédiaire des entreprises
SIFIM	Services d'intermédiation financière indirectement mesurés
SNF	Sociétés non financières
SNM	Services non marchands
SP	Subventions sur les produits
SRPB	Solde des revenus primaires bruts
TEE	Tableau économique d'ensemble
TES	Tableau entrées-sorties
TOF	Tableau des opérations financières
TPF	Transferts de produits fatals
UC	Unité de consommation
UE	Union européenne
VA	Valeur ajoutée
VDA	Variation d'actifs
VDP	Variation de passifs
VR	Ventes résiduelles
VS	Variation des stocks

Index

Table des matières

V La synthèse des résultats : agrégats et TEE

VI La construction des comptes nationaux

VII Utilisations et limites de la comptabilité nationale

Collection

R E P È R E S

créée par
MICHEL FREYSSENET et OLIVIER PASTRÉ (en 1983),
dirigée par
JEAN-PAUL PIRIOU (de 1987 à 2004), *puis par* PASCAL COMBEMALE,
avec SERGE AUDIER, STÉPHANE BEAUD, ANDRÉ CARTAPANIS, BERNARD COLASSE, JEAN-PAUL DELÉAGE, FRANÇOISE DREYFUS, CLAIRE LEMERCIER, YANNICK L'HORTY, PHILIPPE LORINO, DOMINIQUE MERLLIÉ, MICHEL RAINELLI, PHILIPPE RIUTORT, FRANCK-DOMINIQUE VIVIEN ET CLAIRE ZALC.

Le catalogue complet de la collection « Repères » est disponible sur notre site
http://www.collectionreperes.com

GRANDS REPÈRES

Classiques

R E P È R E S

La formation du couple. *Textes essentiels pour la sociologie de la famille*, Michel Bozon et François Héran.

Invitation à la sociologie, Peter L. Berger.

Un sociologue à l'usine. *Textes essentiels pour la sociologie du travail*, Donald Roy.

Dictionnaires

R E P È R E S

Dictionnaire de gestion, Élie Cohen.

Dictionnaire d'analyse économique, *microéconomie, macroéconomie, théorie des jeux, etc.*, Bernard Guerrien.

Lexique de sciences économiques et sociales, Denis Clerc et Jean-Paul Piriou.

Guides

R E P È R E S

L'art de la thèse. *Comment préparer et rédiger un mémoire de master, une thèse de doctorat ou tout autre travail universitaire à l'ère du Net*, Michel Beaud.

Comment parler de la société. *Artistes, écrivains, chercheurs et représentations sociales*, Howard S. Becker.

Comment se fait l'histoire. *Pratiques et enjeux*, François Cadiou, Clarisse Coulomb, Anne Lemonde et Yves Santamaria.

La comparaison dans les sciences sociales. *Pratiques et méthodes*, Cécile Vigour.

Enquêter sur le travail. *Concepts, méthodes, récits*, Christelle Avril, Marie Cartier et Delphine Serre.

Faire de la sociologie. *Les grandes enquêtes françaises depuis 1945*, Philippe Masson.

Les ficelles du métier. *Comment conduire sa recherche en sciences sociales*, Howard S. Becker.

Le goût de l'observation. *Comprendre et pratiquer l'observation participante en sciences sociales*, Jean Peneff.

Guide de l'enquête de terrain, Stéphane Beaud et Florence Weber.

Guide des méthodes de l'archéologie, Jean-Paul Demoule, François Giligny, Anne Lehoërff et Alain Schnapp.

Guide du stage en entreprise, Michel Villette.

Manuel de journalisme. *Écrire pour le journal*, Yves Agnès.

Voir, comprendre, analyser les images, Laurent Gervereau.

Manuels

R E P È R E S

Analyse macroéconomique 1.

Analyse macroéconomique 2. 17 auteurs sous la direction de Jean-Olivier Hairault.

La comptabilité nationale, Jean-Paul Piriou et Jacques Bournay.

Consommation et modes de vie en France. *Une approche économique et sociologique sur un demi-siècle*, Nicolas Herpin et Daniel Verger.

Déchiffrer l'économie, Denis Clerc.

L'explosion de la communication. *Introduction aux théories et aux pratiques de la communication*, Philippe Breton et Serge Proulx.

Une histoire de la comptabilité nationale, André Vanoli.

Histoire de la psychologie en France. XIXe-XXe siècles, Jacqueline Carroy, Annick Ohayon et Régine Plas.

Macroéconomie financière, Michel Aglietta.

La mondialisation de l'économie. *Genèse et problèmes*, Jacques Adda.

Nouveau Manuel de science politique, sous la direction d'Antonin Cohen, Bernard Lacroix et Philippe Riutort.

La théorie économique néoclassique. *Microéconomie, macroéconomie et théorie des jeux*, Emmanuelle Bénicourt et Bernard Guerrien.

Le vote. *Approches sociologiques de l'institution et des comportements électoraux*, Patrick Lehingue.

Composition Facompo, Lisieux (Calvados)
Achevé d'imprimer en mars 2012 sur les presses de
La Nouvelle Imprimerie Laballery à Clamecy (Nièvre).
Dépôt légal : mars 2012
N° de dossier : 202249

Imprimé en France